高等学校国語科

シリーズ国語授業づくり

# 新 科目編成とこれからの授業づくり

東洋館出版社

# はじめに

　平成30年３月に、高等学校の新しい学習指導要領が公示された。今回の改訂はきわめて規模の大きなもので、科目の構成がその事実を端的に物語っている。国語科においては、共通必履修科目が「現代の国語」と「言語文化」、選択科目が「論理国語」「文学国語」「国語表現」「古典探究」となり、「国語表現」以外は全て科目の名称が新しくなっている。これまでのように、国語科を「現代文」と「古典」とに分けて扱うという科目担当の在り方も、大きく見直さなければならなくなった。

　高等学校ではまた、大学の入学試験を強く意識した学習指導が展開されてきた。この点に関しても、高大接続改革や大学入試制度改革の動向に即して、抜本的な見直しが必要になっている。そのため、このたびの学習指導要領の改訂は、特に高等学校に及ぼす影響が大きいと見ることができる。にも関わらず、多くの高等学校の担当者は、学習指導要領が変わっても自身の担当する授業内容には特に大きな変化はないと受け止めているのではあるまいか。しかしながら、今回ばかりは今までの改訂のように楽観してはいられない。学習指導要領とともに検定教科書も変わり、また大学入試も変わることになる。そしてその変化の振れ幅が、これまでとは大きく異なるからである。

　新しい学習指導要領と向き合ってみると、様々な問題意識を抱くことになる。例えば、共通必履修科目の「現代の国語」と「言語文化」は、「現代文」と「古典」として受け止めることは果たして妥当なのだろうか。また、特に高等学校では「教材」を中心とした扱い方が中心であったが、それをそのまま踏襲してもよいのだろうか。「教材」を基盤とせずに「資質・能力」が中心というのは、具体的にどのような考え方なのだろうか。このような問題が次々と想起されることになる。

　まずは、そのような問題意識に対応する確かな情報が必要になる。本書は学習指導要領の公示の前から準備を進め、公示を受けて直ちに具体的な編集および執筆作業に取りかかることになった。執筆者一同が新学習指導要領に関する研究に取り組んで情報の精度を高め、早期の的確な情報発信に努めるように心がけた。

本書は全4章から構成されている。まず第1章「新学習指導要領が目指す高校国語科像」は「総論」として新学習指導要領の背景、ねらい、特色、留意点などに言及している。さらに3年間の指導計画の作成についても、特に配慮すべき点を明らかにした。この章では基本的な事項を網羅しつつ、新学習指導要領全体が俯瞰できるように配慮した。続く第2章は「各論」として、必履修の2科目と選択の4科目について、それぞれの科目の主要な特徴と授業づくりに向けての方向性をまとめることにした。全ての科目の扱い方に対して、具体的なイメージがもてるように配慮したものである。第3章は、特に高大接続および大学入試改革の問題を取り上げて、大学入試の国語はどのように変わるのかという問題について、すでに公表されている問題例の解説も含めて整理した。そして第4章は編集委員による座談会を実施して、本書の「総括」としてこれからの高等学校国語科を展望することにした。第1章から第3章までの内容を踏まえて、5名の編集委員がそれぞれの立場から意見交換をしつつ、本書の内容を総括したものである。最後に資料として新学習指導要領を掲載した。

　学習指導要領が変わっても授業の在り方は変わらないという考え方は、今回は通用しそうもない。だからこそ本書では、新学習指導要領で大きく変わる国語科の科目編成に着目し、理論と実践それぞれに目配りをしつつ、具体的な授業づくりに資する話題を精選して取り上げたつもりである。

　学習者にとって「楽しく、力のつく」授業を創造することは、全ての教科・科目の担当者にとって共通の目標となる。本書を、国語科の魅力溢れる授業づくりのための手引きとして、活用していただければ幸いである。

　時代は平成からさらに新たな時代を迎えることになり、確実に変容しつつある。高等学校の担当者として改めて研究および実践に対する意欲を喚起したうえで、常に新しい時代の状況とその時代を生きる学習者の現実を的確に把握しつつ、価値ある授業づくりを推進したいと思う。


平成30年7月

田近　洵一（日本国語教育学会会長）

桑原　　隆（日本国語教育学会理事長）

大越　和孝（日本国語教育学会企画・情報部長）

町田　守弘（日本国語教育学会高等学校部会長）

## もくじ

シリーズ国語授業づくり―高等学校国語科
**新科目編成とこれからの授業づくり**

## 第 **1** 章 新学習指導要領が目指す高校国語科像

**1** 新学習指導要領のねらいと高校国語科の課題 ………… 6

**2** 教科の目標 ……………………………………… 11

**3** 科目構成のねらい ……………………………… 15

**4** 育成を目指す資質・能力 ……………………… 20

**5** 資質・能力を育む学習指導と評価 …………… 24

**6** ３年間の指導計画の作成に当たって ………… 26

## 第 **2** 章 各科目の特徴と授業づくり

現代の国語（共通必履修科目）……………………… 30

言語文化（共通必履修科目）………………………… 50

論理国語（選択科目）………………………………… 70

文学国語（選択科目）………………………………… 84

国語表現（選択科目）………………………………… 98

古典探究（選択科目）……………………………… 112

## 第 **3** 章 こう変わる！　大学入試国語

**1** 大学入試の国語はなぜ変わるのか
―「高大接続」という発想 ……………………… 128

003

**2** 大学入試の国語はどう変わるのか
―育成すべき資質・能力という発想 ················· 132

**3** 新しい大学入試と国語科の授業
―教材中心から資質・能力中心へ ············· 136

**4** （記述式・マークシート式）問題例のねらい ··········· 142


# 第 **4** 章 座談会 ―これからの高校国語科を展望する

○ はじめに―座談会の趣旨 ······························· 152

○ 高等学校の現場の状況 ································· 152

○ 新学習指導要領で注目すべき点 ·············· 154

○ 新学習指導要領の目指すもの ················ 156

○ 教科書はどのように変わるのか ·············· 157

○ 高大接続改革を受けた大学入試 ·············· 160

○ 共通必履修科目「現代の国語」の実践的な課題 ······ 164

○ 共通必履修科目「言語文化」の実践的な課題 ··········· 166

○ 新しい選択科目で特に注目すべき課題 ········· 170

○ おわりに―座談会の総括 ······················· 172


# 資料編

◆ 高等学校学習指導要領

・第 1 章　総則 ····································· 174

・第 2 章　第 1 節 国語 ····························· 190

第 **1** 章

# 新学習指導要領が目指す高校国語科像

# 1 新学習指導要領のねらいと高校国語科の課題

## 中央教育審議会答申を踏まえた新学習指導要領の趣旨

　平成28年12月に示された、中央教育審議会「幼稚園、小学校、中学校、高等学校及び特別支援学校の学習指導要領等の改善及び必要な方策等について（答申）」（以下「答申」という。）を踏まえ、文部科学省は、平成30年３月30日に高等学校学習指導要領を公示した。

　今回の改訂の基本的な考え方として、以下の３点が挙げられる。

> ①　教育基本法、学校教育法などを踏まえ、これまでの我が国の学校教育の実践や蓄積を生かし、子供たちが未来社会を切り拓くための資質・能力を一層確実に育成すること。その際、子供たちに求められる資質・能力とは何かを社会と共有し、連携する「社会に開かれた教育課程」を重視すること。
>
> ②　知識及び技能の習得と思考力、判断力、表現力等の育成のバランスを重視する現行学習指導要領の枠組みや教育内容を維持した上で、知識の理解の質をさらに高め、確かな学力の育成を目指すこと。
>
> ③　高大接続改革という、高等学校教育を含む初等中等教育改革と、大学教育改革、そして両者をつなぐ大学入学者選抜改革の一体的改革の中で改訂を実施すること。

　これらの考え方に基づき、学習指導要領においては、知・徳・体にわたる「生きる力」を子供たちに育むため、「何のために学ぶのか」という学習の意義を共有しながら、授業の創意工夫や教科書等の教材の改善を引き出していけるよう、全ての教科等を、①知識及び技能、②思考力、判断力、表現力等、③学びに向かう力、人間性等の３つの柱で再整理し、「何ができるようになるか」について明確化を図っている。

　また、選挙権年齢や成人年齢引き下げにより、生徒にとって政治や社会が一層身近なものとなっており、高等学校においては、社会で求められる資質・能力を全ての生徒に育み、生涯にわたって探究を深める未来の創り手として送り

出していくことがこれまで以上に求められる。

そのため、「主体的・対話的で深い学び」の実現に向けた授業改善が必要であり、特に、生徒が各教科・科目等の特質に応じた「見方・考え方」を働かせながら、知識を相互に関連付けてより深く理解したり、情報を精査して考えを形成したり、問題を見いだして解決策を考えたり、思いや考えを基に創造したりすることに向かう過程を重視した学習の充実を求めている。

さらに、教科等の目標や内容を見渡し、特に学習の基盤となる資質・能力（言語能力、情報活用能力、問題発見・解決能力など）や現代的な諸課題に対応して求められる資質・能力の育成のためには、教科等横断的な学習を充実する必要があること、「主体的・対話的で深い学び」の充実には単元など数コマ程度の授業のまとまりの中で、習得・活用・探究のバランスを工夫することが重要である。そのため、学校全体として、教育内容や時間の適切な配分、必要な人的・物的体制の確保、実施状況に基づく改善などを通して、教育課程に基づく教育活動の質を向上させ、学習の効果の最大化を図るカリキュラム・マネジメントの確立を求めている。

加えて、国語科における科目の再編（「現代の国語」、「言語文化」、「論理国語」、「文学国語」、「国語表現」、「古典探究」）、地理歴史科における「歴史総合」、「地理総合」の新設、公民科における「公共」の新設、共通教科「理数」の新設など、高等学校において育成を目指す資質・能力を踏まえつつ、教科・科目の構成を大幅に改善している。

以上のような、改訂の要点を概観したとき、筆者が特徴的だと考える点は、以下の3点である。

第1に、予測困難で複雑な社会の急速な変化が想定される中、高校生が「生き抜く」ことと教育の責務とがかつてないほど、クローズアップされているということである。このことが教育界のみの問題ではなく、我が国の社会全体の安定や発展のための真摯な問題として認識されており、いわば高等学校教育の意義と可能性が施行後の10年間で真に試されるであろう改訂であると言える。

第2に、教育課程の位相を根底から捉え直すことが目指された改訂であるという点である。資質・能力の明確化やカリキュラム・マネジメントの確立は、これまでの教育においても目指されてきたことではある。しかし、特に高等学校教育においては、「教育課程」という言葉が「教育課程表」と同義で用いら

れることが多く、教育課程が、学校の教育目標や理念を踏まえた上で生徒に育成されるべき資質・能力を表したもの、学校内外の教育資源を活用しながら組織的に育まれるべき「学びの地図」として捉えられることが少なかった。今回の改訂では、この点についての認識を根本から捉え直す視点の獲得と、その視点からの教育課程の構築が真に求められている。

　第3に、この改訂が、単に高等学校教育自身の視点からのリニューアルを目指すものではなく、いわゆる高大接続改革の一環として位置付けられていることから、義務教育と大学教育を「つなぐ」役割としての高等学校教育の在り方が強く求められているということである。これまで概して、義務教育の実態に疎く、かつ、大学教育自体よりも大学入学者選抜に意識を集中してきた高等学校教育の課題の改善を根底から迫る改訂となっていると言える。

## 高等学校国語科の課題

　それでは、こうした改訂の趣旨を踏まえたとき、高等学校国語科に求められていることとは何だろうか。

　答申においては、高等学校国語科の課題について、次のように示されている。

---

○　高等学校の国語教育においては、教材の読み取りが指導の中心になることが多く、国語による主体的な表現等が重視された授業が十分行われていないこと、話合いや論述などの「話すこと・聞くこと」、「書くこと」の領域の学習が十分に行われていないこと、古典の学習について、日本人として大切にしてきた言語文化を積極的に享受して社会や自分との関わりの中でそれらを生かしていくという観点が弱く、学習意欲が高まらないことなどが課題として指摘されている。

---

　現行（平成21年告示）高等学校学習指導要領においては、総則に、各教科等における言語活動の充実が示された（総則第1款の1及び第5款の5の(1)）。併せて、国語科の学習指導要領には、「内容」に指導事項とともに言語活動例が示され、他教科等にも各教科等の特質に応じた言語活動が記載された。言語能力を育成する国語科を中核として、全教科等で「言語活動の充実」が目指されたのである。

　平成26年には文部科学省から「言語活動の充実に関する指導事例集～思考力、

判断力、表現力等の育成に向けて【高等学校版】」が公表され、この事例を参考にした授業改善が進むことが期待されている。

　しかしながら、高等学校国語科が中核となって学校全体の言語活動の充実が図られている学校は必ずしも多くはないのが現状であろう。平成26年以降、いわゆる「アクティブ・ラーニング」という用語に対する反応は多少みられたものの、現行学習指導要領における「言語活動の充実」を踏まえて、全国的に国語科を中核とした授業改善が確実に進んでいるとは必ずしも言えない状況が続いていると考えられる。

　中央教育審議会国語ワーキンググループに示された資料によると、こうした傾向は、他校種・他教科等に比しても顕著な、高等学校国語科教師の意識として認められる。「学習指導と学習評価に対する意識調査報告書」（財団法人日本システム開発研究所、平成21年度文部科学省委託調査報告書）によると、高等学校国語科教師は、教科書教材を丁寧に教え、小テストやワークシート、宿題を授業で重視していることがうかがえる。また、「児童生徒がグループで話し合い、考えなどをまとめる授業」、「児童生徒が自分で課題を選択し、調べたことや考えたことに基づいて、レポートを書いたり発表したりする授業」などの質問項目における高等学校国語科教師の肯定的回答の割合が低いことが明らかとなっている。言語能力の育成を担う教科として、音声言語の指導や表現力の育成を重要な責務として抱える教科であるにも関わらず、こうした意識が必ずしも高くないことは、言語活動のみならず、言語活動を支える「話すこと・聞くこと」、「書くこと」の領域における指導の低調さを示唆するものである。

　こうした状況下においては、生徒の「主体」は意識されにくく、教師の敷いたレール（その多くは教師の想定する唯一解）に生徒をいかに乗せていくかという、生徒にとっては受け身の授業が繰り返されることとなりやすい。国語教室で、生徒が自分自身の考えを発信し、他のクラスメートと集団としての考えを磨き合うという学習場面も担保されにくく、こうした状況は、生徒が卒業後に向き合う現実の社会での諸活動や大学等での研究活動とはいわば「真逆」であると言わざるを得ない。

　さらに、古典の指導については、国立教育政策研究所の過年度の教育課程実施状況調査において、いわゆる古典嫌いが多数に上ることが指摘され続けているが、その主たる原因が、古典文法や古語の機械的な暗記指導によるもの

であることが、中央教育審議会国語ワーキンググループの資料にも示されており、本来重視しなければならない、古典を読むことの魅力や、先人のものの見方、感じ方、考え方が現代に受け継がれてきていることの自覚などを十分感じさせるような指導となっていないことが推察される。いわゆる進学校においては、入試対策の指導が中心となった結果、大学等に進学した後に、いわば「古典にサヨナラ」という状態になり、生涯敬遠してしまう高校生が大勢生まれてしまっていることが懸念されるところである。これでは、古典を指導すればするほど古典嫌いを生むという、由々しき事態を招きかねない。

さらに、社会に対応する言語能力の育成を中核として担うという高等学校国語科の責務に対して、他教科等、大学等、実社会など様々な立場から厳しい評価が突き付けられ始めている。例えば、答申では、教科書の文章も読み解けない高校生の存在が指摘され、社会的に新たな「読解力」の課題が共有されつつある。また、レポートや論文が書けない大学生が増加し、初年次教育でいわゆるアカデミック・ライティングを課す大学が増えており、大学教員から、高等学校国語科で「書くこと」の指導が適切に行われているのかという課題が指摘されている。

「読むこと」の領域への過度な傾斜、さらに「読むこと」の領域における読み取りの指導事項への集中といった事態が、今後の高等学校国語科の存在意義も含め、社会的な問題として浮上してきたことを受けて改訂されたのが今回の新学習指導要領であり、抜本的な見直しが図られたといっても過言ではないだろう。教科等横断的に育成する資質・能力として、「言語能力の育成」が掲げられた今、高等学校国語科は、言葉の資質・能力を中核的に高める教科として、その成果を真に証明できるのか、今回の大規模な改訂は、この根本的な課題に対する国としてのスタンスを如実に示したものとなっている。

# 2 教科の目標

## 「言葉による見方・考え方」とは

　前節に示したような課題の解決を図るため、新学習指導要領においては、「目標」、「内容」、「内容の取扱い」などにおいて、大規模な改善を行っている。

　まず、教科の目標についてであるが、新学習指導要領では、義務教育との系統性を踏まえて、次のとおり示している（下線部は、中学校から高めた部分を指す）。

---

　言葉による見方・考え方を働かせ、言語活動を通して、国語で的確に理解し効果的に表現する資質・能力を次のとおり育成することを目指す。
- (1) 生涯にわたる社会生活に必要な国語について、その特質を理解し適切に使うことができるようにする。
- (2) 生涯にわたる社会生活における他者との関わりの中で伝え合う力を高め、思考力や想像力を伸ばす。
- (3) 言葉のもつ価値への認識を深めるとともに、言語感覚を磨き、我が国の言語文化の担い手としての自覚をもち、生涯にわたり国語を尊重してその能力の向上を図る態度を養う。

（傍線は引用者による）

---

　冒頭には、新たに「言葉による見方・考え方を働かせ」ることを示している。このことは、国語科が教科の本質を見失うことなく、言葉の資質・能力を確実に育成するために欠かせないことである。

　「言葉による見方・考え方を働かせ」るとは、生徒が学習の中で、対象と言葉、言葉と言葉との関係を、言葉の意味、働き、使い方などに着目して捉えたり問い直したりして、言葉への自覚を高めることであると考えられる。この「対象と言葉、言葉と言葉との関係を、言葉の意味、働き、使い方等に着目して捉えたり問い直したりする」とは、言葉で表される話や文章を、意味や働き、使い方などの言葉の様々な側面から総合的に思考・判断し、理解したり表現したりすること、また、その理解や表現について、改めて言葉に着目して吟味するこ

とを示したものと言える。

　様々な事象の内容を自然科学や社会科学等の視点から理解することを直接の学習目的としない国語科においては、言葉を通じた理解や表現及びそこで用いられる言葉そのものを学習対象としており、そのため、「言葉による見方・考え方」を働かせることが、国語科において育成を目指す資質・能力をよりよく身に付けることにつながることとなる。

　特に、高等学校国語科においては、この「言葉による見方・考え方を働かせ」ることは大変重要である。なぜなら、国語科の授業であっても、学習活動だけを見ると他教科等の授業と区別が付かないと思われるものが散見されるからである。

　例えば、大学入試に頻出する筆者の評論を取り上げ、入試対策を見据えてその思想について教師が一方的に解説している教室を見ることがある。この場合、講義とも言えるその授業が国語科の授業ではなく、評論の筆者たちが所属する大学の社会科学や人文科学の講義に近いものと化してしまう危険が考えられる。国語の授業の主たる目的は、言語能力を育成することにあるのであって、現代思想に関する専門的な知見を獲得することではない。

　また、環境問題に関する評論を読んで、それに対する自分の意見を書くという活動を取り上げてみよう。この場合も、授業のねらいによっては、地理歴史科、公民科、理科、家庭科、総合的な学習の時間など、他教科等の授業としても成立しうる。国語科の授業としては、「読むこと」の領域の場合でも、評論の内容知識の習得を先行させるのではなく、言葉の意味、働き、使い方などに着目させることが重要となる。生徒が本文の内容を理解する場合にも、どの言葉がどのように書かれているかという点に着目させ、生徒が「言葉による見方・考え方を働かせ」ながら文章の構造や内容を把握したり、精査・解釈し、その上で自分の意見をまとめることができるよう、配慮することが大切である。そのためには、まず教師がこの「言葉による見方・考え方を働かせ」ることの重要性を肝に銘じておく必要がある。得意げに評論の内容や筆者についての知識を披露していたら、国語科の授業ではなくなっていた、という事態に陥らないよう、あくまでも、国語科の授業は、言葉にこだわることが生命線であるということを示したのが、「言葉による見方・考え方」であると言えよう。

## 教科の目標の構造及び現行との関係

　新学習指導要領における教科の目標は、現行の国語科の目標を踏まえつつ、大きくその構造を異にしている。したがって、単に両者を比較し、その関係性について詳細に言及することは難しい。同一の文言であっても、構造の中での位置付けは必ずしも同じとは言えないからである。

　新学習指導要領の教科の目標では、まず、国語科において育成を目指す資質・能力を「国語で的確に理解し効果的に表現する資質・能力」とし、国語科が国語で理解し表現する言語能力を育成する教科であることを示している。

　的確に理解する資質・能力と、効果的に表現する資質・能力とは、連続的かつ同時的に機能するものであるが、表現する内容となる自分の考えなどを形成するためには国語で表現された様々な事物、経験、思い、考えなどを理解することが必要であることから、今回の改訂では、「的確に理解」、「効果的に表現」という順に示している。

　また、前項で言及した「言葉による見方・考え方を働かせ」ることを踏まえるとともに、言語能力を育成する中心的な役割を担う国語科においては、言語活動を通して資質・能力を育成することを明示するため、「言語活動を通して」と、その重要性を明示している。

　さらに、今回の改訂では、他教科等と同様に、国語科において育成を目指す資質・能力を「知識及び技能」、「思考力、判断力、表現力等」、「学びに向かう力、人間性等」の三つの柱で整理し、それぞれに整理された目標を(1)、(2)、(3)に位置付けている。

　(1)は、「知識及び技能」に関する目標を示したものである。「生涯にわたる社会生活」とは、高校生が日常的に関わっている社会に限らず、現実の社会そのものである実社会を中心としながら、生涯にわたり他者や社会と関わっていく社会生活全般を指している。広く社会生活全般を視野に入れ、社会人として活躍していく高校生が、生涯にわたる社会生活において必要な国語の特質について理解し、それを適切に使うことができるようにすることを示している。

　(2)は、「思考力、判断力、表現力等」に関する目標を示したものである。生涯にわたる社会生活における他者との関わりの中で、思いや考えを伝え合う力を高め、思考力や想像力を伸ばすことを示している。具体的には、各科目の内

容の〔思考力、判断力、表現力等〕に示されている「話すこと・聞くこと」、「書くこと」、「読むこと」に関する「思考力、判断力、表現力等」のことである。

　従前、物事を深く、広く、豊かに感じ取りかつ味わうことのできる資質・能力を身に付けることを「心情を豊かにし」としていたが、今回の改訂では、深く共感したり豊かに想像したりする力である想像力に位置付け、それを伸ばすことを求めており、引き続き目標に含めていることに留意する必要がある。

　(3)は、「学びに向かう力、人間性等」に関する目標を示したものである。「我が国の言語文化の担い手としての自覚をも」つとは、我が国の歴史の中で創造され、継承されてきた文化的に高い価値をもつ言語そのもの、つまり、文化としての言語、また、それらを実際の生活で使用することによって形成されてきた文化的な言語生活、さらには、古代から現代までの各時代にわたって、表現し、受容されてきた多様な言語芸術や芸能などの担い手としての自覚をもつことである。

　「生涯にわたり国語を尊重してその能力の向上を図る態度を養う」とは、小学校及び中学校の目標を更に発展させたもので、国語を尊重するだけでなく、その能力の向上を図る態度を生涯にわたり育成することまでを目指している。我が国の歴史の中で育まれてきた国語が、人間としての知的な活動や文化的な活動の中枢をなし、生涯にわたる一人一人の自己形成、社会生活の向上、文化の創造と継承などに欠かせないからである。国語に対する自覚や関心を高め、話したり聞いたり書いたり読んだりすることが、生徒一人一人の言語能力を更に向上させていく。その中で、社会の一員として、国語を愛護し、国語を尊重して、国語そのものを一層優れたものに向上させていこうとする意識や態度も育っていくと考えられる。

　以上のように、教科の目標が一層構造的に示されたことにより、全ての高等学校国語科教師が、資質・能力の三つの柱を踏まえ、その育成を目指した年間指導計画を作成し、個々の授業の計画において目標を明確にすることが求められる。また、実際の授業においては、生徒に「言葉による見方・考え方」を働かせ、主体的な言語活動を通して、ねらいとした資質・能力を確実に育成することが期待される。

# 3 科目構成のねらい

## 新科目の構成

　答申を踏まえ、新学習指導要領国語科における科目構成は、共通必履修科目「現代の国語」、「言語文化」、選択科目「論理国語」、「文学国語」、「国語表現」、「古典探究」の６科目となった。科目の編成に当たっては、これまでの関連する科目を踏まえつつも、答申に示された資質・能力の整理を踏まえ、全ての科目を新設している。

| 平成21年告示学習指導要領 | 平成30年告示学習指導要領 |
|---|---|
| 【共通必履修科目】<br>　国語総合（４単位） | 【共通必履修科目】<br>　現代の国語（２単位）<br>　言語文化　（２単位） |
| 【選択科目】<br>　国語表現（３単位）<br>　現代文Ａ（２単位）<br>　現代文Ｂ（４単位）<br>　古典Ａ　（２単位）<br>　古典Ｂ　（４単位） | 【選択科目】<br>　論理国語　（４単位）<br>　文学国語　（４単位）<br>　国語表現　（４単位）<br>　古典探究　（４単位） |

　共通必履修科目の２科目は、いずれも答申で示された課題にそれぞれ対応し、その改善を図る科目として新設している。

　「現代の国語」は、先述の高等学校国語科の課題である「国語による主体的な表現等が重視された授業が十分行われていないこと、話合いや論述などの『話すこと・聞くこと』、『書くこと』の領域の学習が十分に行われていないこと」を踏まえ、実社会における国語による諸活動に必要な資質・能力を育成する科目として新設しており、標準単位数は２単位である。

　「言語文化」は、先述の高等学校国語科の課題である「古典の学習について、日本人として大切にしてきた言語文化を積極的に享受して社会や自分との関わりの中でそれらを生かしていくという観点が弱く、学習意欲が高まらないこと」を踏まえ、上代から近現代に受け継がれてきた我が国の言語文化への理解を深める科目として新設しており、標準単位数は２単位である。

　選択科目の４科目については、いずれの科目も、共通必履修科目「現代の国

015

語」及び「言語文化」で育成された資質・能力を基盤として、関連する内容を発展させた科目である。

「論理国語」は、主として「思考力、判断力、表現力等」の創造的・論理的思考の側面の力を育成する科目として、実社会において必要になる、論理的に書いたり批判的に読んだりする力の育成を重視した科目として新設しており、標準単位数は4単位である。

「文学国語」は、主として「思考力、判断力、表現力等」の感性・情緒の側面の力を育成する科目として、深く共感したり豊かに想像したりして、書いたり読んだりする力の育成を重視した科目として新設しており、標準単位数は4単位である。

「国語表現」は、主として「思考力、判断力、表現力等」の他者とのコミュニケーションの側面の力を育成する科目として、実社会において必要となる、他者との多様な関わりの中で伝え合う力の育成を重視した科目として新設しており、標準単位数は4単位である。

「古典探究」は、ジャンルとしての古典を学習対象とし、古典を主体的に読み深めることを通して伝統と文化の基盤としての古典の重要性を理解し、自分と自分を取り巻く社会にとっての古典の意義や価値について探究する資質・能力の育成を重視した科目として新設しており、標準単位数は4単位である。

これらの科目の性格は、教科の目標と同じ構造で示した科目の目標を比較することにより、明確に理解できる。

選択科目を全て4単位としたのは、後述する各科目の内容を確実に指導するために必要な単位数を設定したためである。

# 各科目の内容構成

各科目の内容構成は、当該科目の性格を踏まえて、次表のとおりとしている。

| | 〔知識及び技能〕 | | | 〔思考力、判断力、表現力等〕 | | |
| --- | --- | --- | --- | --- | --- | --- |
| | 言葉の特徴や使い方に関する事項 | 情報の扱い方に関する事項 | 我が国の言語文化に関する事項 | 話すこと・聞くこと | 書くこと | 読むこと |
| 現代の国語 | ○ | ○ | ○ | ○ | ○ | ○ |
| 言語文化 | ○ | | ○ | | ○ | ○ |
| 論理国語 | ○ | ○ | ○ | | ○ | ○ |
| 文学国語 | ○ | | ○ | | ○ | ○ |
| 国語表現 | ○ | | ○ | ○ | ○ | |
| 古典探究 | ○ | | ○ | | | ○ |

（○印は、設定あり）

# 各科目の「内容の取扱い」に示された授業時数と教材

　各科目の目標と内容に示された資質・能力の確実な育成を図るため、各科目の「内容の取扱い」に、現行「国語総合」の「A話すこと・聞くこと」及び「B書くこと」に示している領域ごとの授業時数を、次ページ表のとおり示している。

　今回の改訂では、1領域のみから成る「古典探究」を除く全科目において、〔思考力、判断力、表現力等〕に複数の領域を設定している。そのため、各領域の指導が確実に実施されるために領域ごとの授業時数を示している。各学校においては、この授業時数に基づいて年間指導計画を作成し、確実な授業の実施が求められる。当然のことながら、学習指導要領には一定の法的拘束力がある。そのため、この規定を無視したり勝手な解釈をしたりすることによって、任意の領域のみの指導を充実させることは不適切である。

　なお、示した授業時数は、標準単位数（2単位科目は70単位時間、4単位科目は140単位時間）に照らしたものであり、総則に示した規定に基づいて単位数を増加した場合には、総単位数に相当する単位時間に照らして、示した授業時数の割合と同等の割合の単位時間を計画、実施する必要があることは、現行と同じである。

|  | 〔思考力、判断力、表現力等〕 | | |
| --- | --- | --- | --- |
|  | 話すこと・聞くこと | 書くこと | 読むこと |
| 現代の国語 | 20〜30単位時間程度 | 30〜40単位時間程度 | 10〜20単位時間程度 |
| 言語文化 |  | 5〜10単位時間程度 | 【古典】<br>40〜45単位時間程度 |
|  |  |  | 【近代以降の文章】<br>20単位時間程度 |
| 論理国語 |  | 50〜60単位時間程度 | 80〜90単位時間程度 |
| 文学国語 |  | 30〜40単位時間程度 | 100〜110単位時間程度 |
| 国語表現 | 40〜50単位時間程度 | 90〜100単位時間程度 |  |
| 古典探究 |  |  | ※ |

（※「古典探究」については、1領域のため、指導時数を示していない。）

　また、各科目の「内容の取扱い」には、当該科目の教材の取扱いを、次表のとおり示している。

　「現代の国語」の「C読むこと」においては、「現代の社会生活に必要とされる論理的な文章及び実用的な文章」、「論理国語」の「B読むこと」においては、「近代以降の論理的な文章及び現代の社会生活に必要とされる実用的な文章」とし、いずれもノンフィクション（非文学）の文章のみを教材としている。

　一方、「言語文化」の「B読むこと」においては、「古典及び近代以降の文章とし、日本漢文、近代以降の文語文や漢詩文などを含める」としたことに加え、「我が国の言語文化への理解を深める学習に資するよう、我が国の伝統と文化や古典に関連する近代以降の文章を取り上げる」などとしており、科目名のとおり、あくまでも我が国の言語文化に親しむための教材が選択されることとなる。

　これらの規定は、教科書の編集・作成に対するものだけではなく、国語科の授業において教師が取り扱う教材全てに適用されるものである。したがって、あくまでも科目の性格を踏まえた教材の選択が求められるのであり、教材研究が一層重要であることは論を俟たない。

### 各科目の「内容の取扱い」に示された各領域における教材の取扱い（抜粋）

| 現代の国語 | 【読むこと】<br>○現代の社会生活に必要とされる論理的な文章及び実用的な文章 |
|---|---|
| 言語文化 | 【読むこと】<br>○古典及び近代以降の文章とし、日本漢文、近代以降の文語文や漢詩文などを含める<br>○我が国の言語文化への理解を深める学習に資するよう、我が国の伝統と文化や古典に関連する近代以降の文章を取り上げる<br>○必要に応じて、伝承や伝統芸能などに関する音声や画像の資料を用いることができる |
| 論理国語 | 【読むこと】<br>○近代以降の論理的な文章及び現代の社会生活に必要とされる実用的な文章<br>○必要に応じて、翻訳の文章や古典における論理的な文章などを用いることができる |
| 文学国語 | 【読むこと】<br>○近代以降の文学的な文章<br>○必要に応じて、翻訳の文章、古典における文学的な文章、近代以降の文語文、演劇や映画の作品及び文学などについての評論文などを用いることができる |
| 国語表現 | 【話すこと・聞くこと】<br>○必要に応じて、音声や画像の資料などを用いることができる |
| 古典探究 | 【読むこと】<br>○古典としての古文及び漢文とし、日本漢文を含める<br>○論理的に考える力を伸ばすよう、古典における論理的な文章を取り上げる<br>○必要に応じて、近代以降の文語文や漢詩文、古典についての評論文などを用いることができる |

# 4 育成を目指す資質・能力

## 「内容」の構成

　今回の改訂では、育成を目指す資質・能力が重視され、国語科の学習指導要領の目標にも「国語で的確に理解し効果的に表現する資質・能力を次のとおり育成することを目指す」ことが示されている。また、各科目の資質・能力を示した「内容」の(1)指導事項の柱書きも、現行の「次の事項について指導する」から、「〜に関する次の事項を身に付けることができるよう指導する」へと改められた。高等学校国語科の「内容」については、義務教育との系統性を踏まえ、次のとおり改めている。

　国語科で育成を目指す資質・能力を〔知識及び技能〕及び〔思考力、判断力、表現力等〕とし、〔知識及び技能〕については、「(1)言葉の特徴や使い方に関する事項」、「(2)情報の扱い方に関する事項」、「(3)我が国の言語文化に関する事項」の３事項、〔思考力、判断力、表現力等〕については、「話すこと・聞くこと」、「書くこと」、「読むこと」の３領域から「内容」を構成している。

　また、〔思考力、判断力、表現力等〕の各領域は、資質・能力を示す「(1)指導事項」と「(2)言語活動例」から構成している。

　なお、資質・能力の三つの柱のうち、「学びに向かう力、人間性等」については、目標に示すにとどめ、「内容」には示していない。

| 平成21年告示学習指導要領 | 平成30年告示学習指導要領 |
|---|---|
| A　話すこと・聞くこと | 〔知識及び技能〕 |
| (1) 指導事項 | (1) 言葉の特徴や使い方に関する事項 |
| (2) 言語活動例 | (2) 情報の扱い方に関する事項 |
| B　書くこと | (3) 我が国の言語文化に関する事項 |
| (1) 指導事項 | 〔思考力、判断力、表現力等〕 |
| (2) 言語活動例 | A　話すこと・聞くこと |
| C　読むこと | (1) 指導事項 |
| (1) 指導事項 | (2) 言語活動例 |
| (2) 言語活動例 | B　書くこと |
| 〔伝統的な言語文化と国語の特質に関する事項〕 | (1) 指導事項 |
| (1) ア　伝統的な言語文化に関する事項 | (2) 言語活動例 |
| 　　イ　言葉の特徴やきまりに関する事項 | C　読むこと |
| 　　ウ　漢字に関する事項 | (1) 指導事項 |

| | (2) 言語活動例 |
|---|---|
| （「国語総合」の場合） | （「現代の国語」の場合） |

## 〔知識及び技能〕のポイント

### ①語彙指導の改善・充実

〔知識及び技能〕に示されている資質・能力は、個別の事実的な知識や一定の手順のことのみを指しているのではない。国語で理解したり表現したりする様々な場面の中で生きて働く「知識及び技能」として身に付けるために、思考・判断し表現することを通じて育成を図ることが求められるなど、「知識及び技能」と「思考力、判断力、表現力等」は、相互に関連し合いながら育成される必要がある。

〔知識及び技能〕のポイントとしては、まず語彙指導の改善・充実が挙げられる。語彙は、全ての教科等における資質・能力の育成や学習の基盤となる言語能力の重要な要素であるが、答申において、高等学校国語科の課題として、「国語の語彙の構造や特徴を理解すること」が指摘されている。このため、国語科の全科目に指導事項を設け、語彙を豊かにする指導の改善・充実を図っている。

### ②「情報の扱い方に関する事項」の新設

急速に情報化が進展する社会において、様々な媒体の中から必要な情報を取り出したり、情報同士の関係を分かりやすく整理したり、発信したい情報を様々な手段で表現したりすることが求められている。一方、中央教育審議会答申において、「教科書の文章を読み解けていないとの調査結果もあるところであり、文章で表された情報を的確に理解し、自分の考えの形成に生かしていけるようにすることは喫緊の課題である」と指摘されているところである。

話や文章に含まれている情報を取り出して整理したり、その関係を捉えたりすることが、話や文章を正確に理解することにつながり、また、自分のもつ情報を整理して、その関係を分かりやすく明確にすることが、話や文章で適切に表現することにつながるため、このような情報の扱い方に関する「知識及び技能」は国語科において育成すべき重要な資質・能力の一つである。今回の改訂では、これらの資質・能力の育成に向け、「情報の扱い方に関する事項」を新

設した。この事項は、「情報と情報との関係」、「情報の整理」の二つの内容で構成し、「現代の国語」及び「論理国語」に系統的に示している。

### ③我が国の言語文化に関する指導の改善・充実

答申においては、「引き続き、我が国の言語文化に親しみ、愛情を持って享受し、その担い手として言語文化を継承・発展させる態度を小・中・高等学校を通じて育成するため、伝統文化に関する学習を重視することが必要である」とされている。

これを踏まえ、「伝統的な言語文化」、「言葉の由来や変化」、「読書」に関する指導事項を「我が国の言語文化に関する事項」として整理し、その内容の改善を図っている。

## 〔思考力、判断力、表現力等〕のポイント

### ①学習過程の明確化、「考えの形成」の重視、探究的な学びの重視

答申においては、ただ活動するだけの学習にならないよう、活動を通じてどのような資質・能力を育成するのかを示すため、現行学習指導要領に示されている学習過程を改めて整理している。この整理を踏まえ、〔思考力、判断力、表現力等〕の各領域において、学習過程を一層明確にし、各指導事項を位置付けている。

また、全ての領域において、自分の考えを形成する学習過程を重視し、「考えの形成」に関する指導事項を位置付けるとともに、「考えの形成」のうち、探究的な学びの要素を含む指導事項を、全ての選択科目に位置付けている。

### ②「話すこと・聞くこと」及び「書くこと」に関する指導の改善・充実

答申において示された課題を踏まえ、共通必履修科目の〔思考力、判断力、表現力等〕における「話すこと・聞くこと」、「書くこと」の授業時数を増加している。

また、「古典探究」を除く全科目において、〔思考力、判断力、表現力等〕に「書くこと」の領域を設け、論理的な文章、文学的な文章、実用的な文章を書く資質・能力の充実を図った。特に、論理的な文章を書く資質・能力の育成については、近年、大学の初年次教育において、論文やレポートなどの書き方に

関する講義が必要となっていることなどを踏まえ、「現代の国語」や「論理国語」を中心に充実を図っている。

### ③授業改善のための言語活動の創意工夫

答申においては、国語科における学習活動は「言葉による記録、要約、説明、論述、話合い等の言語活動を通じて行われる必要がある」と示されている。

そこで、〔思考力、判断力、表現力等〕の各領域において、どのような資質・能力を育成するかを(1)の指導事項に示し、どのような言語活動を通して資質・能力を育成するかを(2)の言語活動例に示すという関係を明確にするとともに、各学校の創意工夫により授業改善が行われるようにする観点から、従前に示していた言語活動例を言語活動の種類ごとにまとめた形で示している。これらの言語活動は例示であるため、各学校では、これらの全てを行わなければならないものではなく、これ以外の言語活動を取り上げることも考えられる。

なお、当該領域において示した資質・能力は言語活動を通して育成する必要があるが、従前と同じく、例えば、話合いの言語活動が、必ずしも「話すこと・聞くこと」の領域の資質・能力のみの育成を目指すものではなく、「書くこと」や「読むこと」における言語活動にもなりうることに示されるとおり、育成を目指す資質・能力（目標）と言語活動とを同一視しないよう十分留意する必要がある。

# 5 資質・能力を育む学習指導と評価

## 「主体的・対話的で深い学び」の実現と言語活動の充実

　今回の改訂は、高等学校教育の改善が焦点であると言われてきた。「主体的・対話的で深い学び」の視点からの授業改善は、義務教育にとっては、これまでも継続的に取り組まれてきたことであり、特段目新しいことではないかもしれない。しかしながら、高等学校教育にとっては、これまでの課題の改善を図る大きなテーマであることは疑いようのないことであろう。

　今回の改訂では、「主体的・対話的で深い学び」の実現に向けた授業改善を進める際の指導上の配慮事項を総則に記載するとともに、国語科の第3款等において、「主体的・対話的で深い学び」の実現に向けた授業改善を進めることを示している。その実現のためには、以下の点に留意して取り組むことが重要である。

① 授業の方法や技術の改善のみを意図するものではなく、生徒に目指す資質・能力を育むために「主体的な学び」、「対話的な学び」、「深い学び」の視点で、授業改善を進めるものであること。

② 国語科において通常行われている学習活動（特に言語活動）の質を向上させることを主眼とするものであること。

③ 一回一回の授業で全ての学びが実現されるものではなく、単元や題材など内容や時間のまとまりの中で、学習を見通し振り返る場面をどこに設定するか、グループなどで対話する場面をどこに設定するか、生徒が考える場面と教師が教える場面とをどのように組み立てるかを考え、実現を図っていくものであること。

　「言葉による見方・考え方」は、国語科を学ぶ本質的な意義の中核をなすものであり、国語科の学習と社会をつなぐものであることから、生徒が学習や人生において「言葉による見方・考え方」を自在に働かせることができるようにすることにこそ、教師の専門性が発揮されることが求められること。

④ 基礎的・基本的な知識及び技能の習得に課題がある場合には、それを身に付けさせるために、生徒の学びを深めたり主体性を引き出したりといっ

た工夫を重ねながら、確実な習得を図ることを重視すること。

今回の改訂においても「言語活動の充実」の重要性は変わらない。むしろ、教科等横断的な資質・能力としての言語能力の向上、「主体的・対話的で深い学び」の実現に向けて、その重要性はより高まっていると言える。国語科においては、各科目の「内容」の〔思考力、判断力、表現力等〕の全領域に言語活動例を示しており、資質・能力の育成を図る学習活動としての創意工夫が求められる。

なお、学習評価については、総則に学習評価についての項目を設けているが、平成29年10月に中央教育審議会教育課程部会に「児童生徒の学習評価に関するワーキンググループ」が設置され、新学習指導要領における学習評価の在り方などについて検討が進められている。

## カリキュラム・マネジメント

総則においては、「生徒や学校、地域の実態を適切に把握し、教育の目的や目標の実現に必要な教育の内容等を教科等横断的な視点で組み立てていくこと、教育課程の実施状況を評価してその改善を図っていくこと、教育課程の実施に必要な人的又は物的な体制を確保するとともにその改善を図っていくことなどを通して、教育課程に基づき組織的かつ計画的に各学校の教育活動の質の向上を図っていくこと（以下「カリキュラム・マネジメント」という。）に努める」ことについて新たに示している。

各学校においては、教科等の目標や内容を見通し、特に学習の基盤となる資質・能力（言語能力、情報活用能力、問題発見・解決能力等）や現代的な諸課題に対応して求められる資質・能力の育成のためには、教科等横断的な学習を充実することや、「主体的・対話的で深い学び」の実現に向けた授業改善を、単元や題材など内容や時間のまとまりを見通して行うことが求められる。これらの取組の実現のためには、学校全体として、生徒や学校、地域の実態を適切に把握し、教育内容や時間の配分、必要な人的・物的体制の確保、教育課程の実施状況に基づく改善などを通して、教育活動の質を向上させ、学習の効果の最大化を図るカリキュラム・マネジメントに努めることが求められる。

高等学校国語科においては、言語能力を育成する教科である外国語科との連携をはじめ、学校の教育目標の実現に資する様々な役割を模索することが必要である。

# 6 3年間の指導計画の作成に当たって

　今回の改訂では、以上のように、目指す資質・能力の確実な育成のため、カリキュラム・マネジメントや「主体的・対話的で深い学び」の実現などが、キーワードとなっている。さらに、高等学校国語科においては、大規模な科目改編が行われた。

　これらを踏まえ、各学校では、3年間（もしくは4年間）の指導計画を適切に作成し実施することが求められる。このことに向けて留意すべきポイントについて述べる。

　第1に、自校における教育目標を踏まえ、国語科で育成を目指す資質・能力を明確にすることである。このことはまず、3年間の科目設定として検討されることになると考えられる。現行学習指導要領においては、第1学年から共通必履修科目「国語総合」を履修、その後、「現代文B」や「古典B」を履修させる学校が多く、「国語表現」、「現代文A」、「古典A」は自由選択科目など、主として限られた形での履修がなされている。

　新学習指導要領においても、原則として、共通必履修科目「現代の国語」及び「言語文化」の履修後に選択科目を履修させることになっている。選択科目が全て4単位のため、現行以上に、科目選択の判断に悩む場面もあるかもしれない。しかし、そこにこそ明確なカリキュラム・ポリシーが求められる。他校に倣って「定番」の科目設定を模索するのではなく、自校の生徒にどのような資質・能力の育成が優先して必要なのかを熟考し、社会に生きて働く国語の資質・能力の育成を教師自らが主体的にデザインすることが重要である。

　第2に、教材に依存することなく、学習指導要領の指導事項を十分踏まえて、指導計画を作成することである。このことは、義務教育では当然のことであるが、高等学校教育では必ずしも十分とはいえない。しかし、目指す資質・能力の育成を掲げるとき、学習指導要領の指導事項を踏まえずに指導計画を作成することは難しい。また、高大接続改革においても、学習指導要領の指導事項との整合性が重視されている。したがって、まずは、公示された学習指導要領を理解することから始めたい。

　第3に、言語活動の充実を図りながら、「主体的・対話的で深い学び」の実

現を目指す指導計画を作成することである。現行学習指導要領における言語活動の充実の重要性は何ら変わるものではない。生徒の立場に立ち、言語活動を効果的に授業に取り入れることによって、学習をより主体的なものにし、自分の考えを深めることができるよう、学習指導の方法を創意工夫することが求められる。当然のことながら、生徒が生きていく実社会・実生活とのつながりを重視することも必要である。

第4に、生徒の発達段階や実態を適切に踏まえるとともに、学校の教育課程全体の中での国語科の位置付けや役割を十分認識し、カリキュラム・マネジメントの考え方を踏まえた指導計画を作成することである。国語科は、全ての教科等と関わりをもつことができる基盤教科ではあるが、それだけに逆に、学校全体を見据え、フットワークを軽くして他教科等との連携を築くことは必ずしも得意とは言えないかもしれない。同じく言語能力の育成を担う外国語科をはじめとし、他教科等との様々な可能性を模索したい。

今回の改訂が、高等学校国語科の授業改善を適切に図る契機となり、高校生が社会で「生き抜く」ための国語の資質・能力の確実な育成につながることを切に願ってやまない。

（大滝一登）

第 **2** 章

# 各科目の特徴と
# 授業づくり

**共通必履修科目**

# 現代の国語

## ❶ 本科目の特徴

「現代の国語」は、「言語文化」とともに共通必履修科目として設定された新科目であり、科目の目標は次のとおりである。

> 　言葉による見方・考え方を働かせ、言語活動を通して、国語で的確に理解し効果的に表現する資質・能力を次のとおり育成することを目指す。
> (1) 実社会に必要な国語の知識や技能を身に付けるようにする。
> (2) 論理的に考える力や深く共感したり豊かに想像したりする力を伸ばし、他者との関わりの中で伝え合う力を高め、自分の思いや考えを広げたり深めたりすることができるようにする。
> (3) 言葉がもつ価値への認識を深めるとともに、生涯にわたって読書に親しみ自己を向上させ、我が国の言語文化の担い手としての自覚を持ち、言葉を通して他者や社会に関わろうとする態度を養う。

　高等学校国語の教科目標は、平成29年3月に告示された義務教育の新教科目標を受けて、資質・能力のさらなる伸長を目指している。「現代の国語」は、「言語文化」とは異なる任務を担っており、これらの二つの共通必履修科目によって、高校国語科の全体的な基盤を形成することになる。

　科目構成の変更、新科目の設置が目立つ今次改訂だが、わけても、平成20年版学習指導要領の共通必履修科目「国語総合」を含め、昭和53年版学習指導要領によって設置された「国語Ⅰ」以来、40年継続してきた総合制を止め、共通必履修科目が二科目に分化したことは、何より特筆すべきことである。

　また、この二分化は、高度経済成長を背景として、昭和35年版改訂で登場した「現代国語」と古典科目の二分化とも異なるものである。二つの共通必履修

科目は、〈現代文〉／〈古典〉という近代以前以後という時間軸による区切りを意味するのではなく、「実社会」で必要とされる言語能力の育成と、古代から近現代までつながる言語文化を深く理解し生涯にわたって親しむ態度を育成する、という全く異なる性格を持つ二つの科目への分化を意味する。

「現代の国語」と「言語文化」の性格の違いは、それぞれの指導事項にみられる下図のようなキーワード群によってイメージできるだろう。また、両者の関係は、論理的思考力や表現力の骨格づくりに必要な〈方法知〉の獲得に相対的な重点を置く「現代の国語」の学習で身に付けた「資質・能力」を活用して、「言語文化」における文学や古典といった〈内容知〉の学び方を高度化するとともに、「言語文化」で学んだ言葉の深みや奥行きの知見から現代の実用的な言葉の運用を対象化することでさらなる言葉の豊かさへと誘うことができる。二つに分けることで、位相の異なる言語の学習内容をそれぞれ純化するとともに、一つの教科として各々の学びを相互に関連付けることで統一を図ることにもなる。

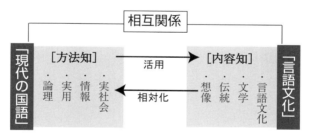

また、〔知識及び技能〕には、両者の違いが明確に現れている。「言葉の特徴や使い方に関する事項」については共通に設けられているが、「情報の扱い方に関する事項」は「現代の国語」のみで、逆に「我が国の言語文化に関する事項」は「言語文化」のみとなっている。この「情報の扱い方に関する事項」には、「主張と論拠など」の関係や「推論の仕方」の理解、さらには「情報の妥当性や信頼性」の吟味等が設定されており、これらからも「現代の国語」の眼目が浮かび上がる。

さらに、〔思考力、判断力、表現力等〕では従来の国語科の三領域が明示されているが、「内容の取り扱い」に明記された標準時間（標準70時間）とともに見れば、「現代の国語」は「話すこと・聞くこと」（20～30時間）、「書くこと」（30～40時間）、「読むこと」（10～20時間）であり、「言語文化」の「書く

こと」（5～10時間）、「読むこと」（40～45時間）とは目指す言語能力のあり方が大きく異なることが分かる。

　相対的に「話すこと・聞くこと」「書くこと」に比重が置かれたこの共通必履修科目の登場は、次のように指摘されてきた課題をもつ高校国語の教育現場からみても、大きな衝撃をもって迎えられるだろう。

　高等学校の国語科は、教材の読み取りが指導の中心になることが多く、国語による主体的な表現等が重視された授業が十分行われていないこと、話合いや論述などの「話すこと・聞くこと」、「書くこと」の領域の学習が十分に行われていないこと、古典の学習について、日本人として大切にしてきた言語文化を積極的に享受して社会や自分との関わりの中でそれらを生かしていくという観点が弱く、学習意欲が高まらないこと。（中教審、2016『幼稚園、小学校、中学校、高等学校及び特別支援学校の学習指導要領等の改善及び必要な方策等について（答申）』）

　これまでの共通必履修科目「国語総合」の「総合」とは、本来「話すこと・聞くこと」「書くこと」「読むこと」の「総合」のはずが、「読むこと」に偏重し、実態としては評論や小説、古文・漢文等を読む科目として定着し続けてきたことは、検定教科書が「現代文編」「古典編」に分かれていたり、各学校の時間割上でも「現代文」「古典」に分かれていたりすることなどからも推察できる。近年では、アクティブ・ラーニングが流行したこともあり、言語活動としての話し合いや、論述なども取り入れられるようにはなったが、そのほとんどは「読むこと」に付随する言語活動であり、育成すべき言語能力としての「話す力」や「書く力」に焦点を当てた授業は依然として低調だったと言っていいだろう。

　このことは、高校国語科の原理が教材ベースであったことを如実に物語っている。〈現代文／古典〉という区分の仕方自体が教材となる文章が書かれた時間軸上の分類であり、「国語の時間とは文章を読むこと」という暗黙の前提を基盤にした発想なのだ。一方、「話す力」や「書く力」の育成は、教材ベースの発想では不可能である。自転車の乗り方は、マニュアルを熟読し、乗るための手順を理解しても、それだけではけっして乗れるようにはならない。実際に自転車に乗ってみて、身体で覚えていく過程がなければならない。スピーチが

できるようになったり、意見文が書けるようになったりするためにも、同じことが言える。現行の学習指導要領でも言語活動を通して能力を育成するということはすでに久しく言われてきているのだが、今次改訂ではこの指導すべき能力が領域毎の学習過程に沿って整理され、どの段階の能力育成なのかがより明確になった。つまり、教材ありきではなく、育成すべき能力を明確にして、系統的に指導するという原理（資質・能力ベース）への転換が示されたのである。

　このことは、もちろん「読む力」についても言えることである。「羅生門」を読む、「水の東西」を読むということではなく、どのような読む能力を育成するのか、そのためにどのよう教材を活用するのかという指導観の転換である。教材ありきでは、どうしてもその教材の内容を教える授業になりやすい。そこでは読む能力の育成というより、教材文の内容とその価値を教師が解説し生徒が理解するという学習に傾きやすく、今求められている「思考力・判断力・表現力等」の伸長は果たされにくいことになる。具体的な〔知識及び技能〕の習得と、その活用が図れるような授業の設計という点で、これまで中心的に行われてきた「読むこと」の指導についても大きな発想の転換が求められている。

　無論、これまでも求められてきた、教材の価値に出会わせようとする授業や文章そのものへの関心を深めていく授業が不要になったということではない。それらの「読むこと」こそ、主としてもう一つの共通必履修科目「言語文化」等で追究されなければならないことであろう。

　このように「現代の国語」では、「言語文化」とは異なる角度から「読むこと」に取り組むことになる。その成否を分ける鍵の一つとなるのが、〔知識及び技能〕に示された「情報の扱い方に関する事項」である。論理的思考力育成のためにこれらの〔知識及び技能〕は欠くことができない。「推論の仕方」や「情報の妥当性や信頼性の吟味の仕方」を活用することで、〔思考力・判断力・表現力等〕の育成が可能になる。従来の、教材講義型の授業では、どうしても文章内容の理解か、ともすると教師の解説する一つの解釈の理解に止まってしまう。その意味で、これまで高校国語と親和性の高かった「読むこと」の授業も、「現代の国語」では大転換が必要になる。

# ❷ 育成すべき「資質・能力」

　育成すべき能力を明確にした具体的な言語活動による指導の充実は、指導事項を単元の目標に位置付け、目標に準拠した学習指導が展開していくことで可能となる。教材はあくまでもその能力育成に適した学習材にすぎない。指導目標は別にある。「現代の国語」では、実社会で必要な言語能力の育成に主眼があり、平たく言えば、論理的思考力やアカデミックライティングの基本、コミュニケーション力の伸長等を目論んでいると考えられる。この科目で育んだ資質・能力は、「論理国語」や「国語表現」といった選択科目でさらに伸長が図られ、より探究的な学習に向かっていく、ゆるやかな系統となっている。

　では、領域毎に、この科目の特性がよくわかる指導事項を一つずつ取り上げてみよう。

## ○「話すこと・聞くこと」

> イ　自分の考えが的確に伝わるよう、自分の立場や考えを明確にするとともに、相手の反応を予想して論理の展開を考えるなど、話の構成や展開を工夫すること。

　この指導事項は、中学校第３学年の「話すこと・聞くこと」(1)イ「自分の立場や考えを明確にし、相手を説得できるように論理の展開などを考えて、話の構成を工夫すること」を受けて、「現代の国語」では、自分の考えがどのように受け取られるか、「相手の反応を予想」して、論の展開や話の組み立てを考えることになる。つまり、相手意識を明確にしたコミュニケーションの場を踏まえた話し方の工夫に指導のねらいがある。聞き手は様々な立場や考えの持ち主である場合があり、すんなりと自分の考えに納得してくれるとは限らない。話す相手や場面を考慮した判断と対応が求められるため、義務教育段階で身に付けた基本的な話の構成や展開についての〔知識及び技能〕等を踏まえるとともに、それらを十分に活用させる必要がある。また、〔知識及び技能〕の「オ　文、話、文章の効果的な組立て方や接続の仕方について理解すること」等も組み合わせて指導することで、こうした内容の経験が浅い学習者へのフォローにもなるだろう。この指導事項は、言語活動例の「ア　自分の考えについてスピ

ーチしたり、それを聞いて、同意したり、質問したり、論拠を示して反論したりする活動」を通して指導を展開するといいだろう。例えば、是非の分かれる社会的な事象を取り上げて自分の考えをまとめたスピーチを行い、その後、聞き手の側からいくつかの質問や意見・感想を述べる。自分の立場や考えを述べるときに、相反する立場や考えの聞き手がいる場ではどのような構成や展開が必要なのかを考えさせることが重要なポイントになる。

## ○「書くこと」

> ウ　自分の考えや事柄が的確に伝わるよう、根拠の示し方や説明の仕方を考えるとともに、文章の種類や、文体、語句などの表現の仕方を工夫すること。

　この指導事項は、中学校第3学年の「書くこと」(1)ウを受けて、「表現の仕方」について指導する事項である。的確な文章伝達のための「根拠の示し方や説明の仕方」は、特に論理的な文章表現においては指導の要となるだろう。〔知識及び技能〕の(2)の「情報の扱い方に関する指導事項」と組み合わせて指導することが効果的である。根拠に相当するものとしては、数値や図表、文献の記載情報、自己の体験、他者からの伝聞情報等があり得るが、それらをどのように示すかによって受け手の理解度や説得力を大きく左右することになる。特に、論理展開の上で、前提から結論を導く「推論の形式」を意識して、文章構成上からも根拠の位置や順序性等を自覚させることが重要である。

　言語活動例「ア　論理的な文章や実用的な文章を読み、本文や資料を引用しながら、自分の意見や考えを論述する活動」では、例えば、「自分の意見や考え」の根拠として、文章や資料のどこをどのくらい引用することが適切なのかを考えさせる。あるいは、言語活動例「ウ　調べたことを整理して、報告書や説明資料などにまとめる活動」の場合、「調べたこと」の何を伝えるのか、誰に伝えるのかなどによって、根拠となる資料の示し方や説明の仕方が変わってくることに気付かせたい。

　この間公表されている大学入学共通テストの国語記述式問題例では、複数の文章や資料の「精査・解釈」に基づく「考えの形成」において、根拠との結び付きが問われているが、単なる入試対策としてだけではなく、その後の社会生

活においても生きて働く言語能力の育成を目指し、年間指導計画の中にこうした指導事項をしっかりと位置付けたい。

## ○「読むこと」

> イ　目的に応じて、文章や図表などに含まれている情報を相互に関係付けながら、内容や書き手の意図を解釈したり、文章の構成や論理の展開などについて評価したりするとともに、自分の考えを深めること

　この指導事項では、単に文章を読んでその内容を理解するというだけではなく、現代の社会生活の具体的な場面で文章を読むことを想定し、異なる形式で書かれた情報を相互に関連付けながら解釈したり評価したりする能力の育成を示している。「目的に応じて」というのは、読み手の置かれたコンテクスト（場面・状況）を踏まえて精査・解釈を行うということであり、その解釈を踏まえた読み手の判断や考えの形成までを読む能力として捉えていることを意味する。例えば、文章の文脈と関連付けて図表を読み取り、そこから「目的に応じて」推論し、ある事柄について判断を示すということは、現代の社会生活では必ず求められることであり、その判断の適否は解釈の妥当性に基づく。こうした指導事項は、〔知識及び技能〕の「推論の形式を理解し使うこと」などと組み合わせて指導することで、学習内容が充実したものとなる。一般化された法則から演繹的な推論を働かせて個別の事例に当てはめたり、逆にいくつかの個別具体的な事例から共通性を見いだし、帰納的な推論を働かせ妥当な仮説を導いたりする。このような「推論の形式」を単に知識として理解するだけでなく、また、そのような推論を行っている文章を読んでその内容を理解するにとどめず、具体的な場面の中で学習者自身が活用することによって論理的思考力の育成につながっていく。

　このように〔知識及び技能〕と〔思考力・判断力・表現力等〕における各領域の指導事項とが組み合わさって、単元の指導目標と評価規準の柱が構成されることになる。さらに、言語活動例を組み合わせると、例えば次のような単元構想案ができあがる。

# ❸ 単元構想案

---

単元名　比較して読もう　（「読むこと」）

　　　　市の条例に対する複数の文章を読み、自分の考えを発表する

---

## （1）単元の概要

　本単元は、実用的な文章や論理的な文章等の複数の教材を読み、文章にある様々な情報を「精査・解釈」するとともに、「考えの形成」を図る学習過程について指導する。具体的には、次の言語活動例と対応している。

---

　イ　異なる形式で書かれた複数の文章や、図表等を伴う文章を読み、理
　　　解したことや解釈したことをまとめて発表したり、他の形式の文章
　　　に書き換えたりする活動。

---

　現代の社会生活で必要な読む能力を育成するためには、具体的な場面・状況における読み手の目的や必要性との関係を考慮した学習指導も行われるべきである。読む対象も、ひとまとまりの連続した文章だけでなく、図表やグラフ、写真等といった異なる形式のものが組み合わされているものなどもある。そのような文章の内容を解釈したり、書き手の意図などを評価したりするためには、文章と図表などの断片的な情報同士がどのように相互に関連しているかを確認して、より的確に読みとるとともに、その結果としてどのような効果が生まれているのかを考える必要がある。

　そのため、本単元では学習者が主体的に文章を読み、読み取った情報を相互に関連付けながら考えをまとめ、それを他者に向けて発表する学習活動を展開する。具体的には、架空の市の条例とともに、その条例に対する地域新聞の社説とインターネット上の市民の声を取り上げ、意見の対立点を精査し、どのような修正案を提案すべきかを考えさせ、発表させる（P.45〜48資料参照）。

　こうした学習の過程で、「主張と論拠」の関係等、情報と情報との関係についての知識を活用させ、精緻な読む能力（精査・解釈）とともに、読み取った情報から妥当な判断や新たな考えの形成を図る能力の育成を目指したい。

037

## （2）指導目標

○主張と論拠、仮説と論拠など、情報と情報との関係について理解をする。
〔知識及び技能〕

○目的に応じて、文章や図表などに含まれている情報を相互に関係付けながら
　内容を解釈したり、書き手の意図や構成、展開などについて評価したりする
　とともに、自分の考えを深める。〔思考力、判断力、表現力等〕

○目的に応じて、文章や図表などに含まれている情報を相互に関係付けながら
　内容を解釈したり、書き手の意図や構成、展開などについて評価したりする
　とともに、自分の考えを深めようとする。（学びに向かう力、人間性等）

## （3）評価規準

| 知識及び技能 | 思、判、表（読む能力） | 態度 |
|---|---|---|
| 主張と論拠との関係について理解し使うことができる。 | 必要な情報を相互に関連付けながら文章を解釈し、そこから適切な考えを形成している。 | 必要な情報を相互に関連付けながら文章を解釈し、そこから適切な考えを形成しようとしている。 |

## （4）単元の指導計画（全5時間）

| | 主な学習活動 | ◆指導上の留意点　◇評価規準 |
|---|---|---|
| **一次**<br><br>1時 | ○市の「放置自転車撤去条例」の内容とその成立背景について知る<br>1　条例の条文を読み取り、どの条文が市民にインパクトを与える可能性があるかを予測する。<br>2　市の広報を読み、駅前の放置自転車の実態とそれに伴う事故件数等の経年グラフを読み、「条例」の背景をワークシートにまとめる。 | ◆最終的に条例の修正案作成を目指すことを伝える。<br>◆条例設置の背景を、データから読み取る際に、変化の度合いが大きい年度に着目させる。<br><br>◇条例の内容と成立背景を理解している。（読・発言） |
| **二次**<br><br>2,3時 | ○複数の意見を読み比べる（新聞社説とネット記事）（P.47、48参照）<br>1　条例を支持し、市民にマナー向上を呼びかけている地域新聞の社説の要旨をワークシートにまとめる。<br>2　条例の条文にある、「罰金」の項目と撤去手続きに関する項目への疑問を寄せるインターネット記事の共通点をワークシートにまとめる。<br>3　他の市区町村における同種の条例を読み、当該市の条例の特異点をワークシートにまとめる。 | ◆インターネット上の意見にも条例に賛成するものがあることや、反対の意見の中にも様々な考えがあることに気付かせる。<br>◆ワークシートは次時以降もグループワークの際に使用することを知らせる。<br><br>◇条例に対する各意見の要旨や要点を読み取っている。（読・ワークシート、発言） |
| **三次** | ○それぞれの意見の主張と根拠、理由付けについて精査し、対立点を明らかにする | ◆話し合いは必ず司会と記録係を決めてから |

038

| | | | |
|---|---|---|---|
| 4時<br>本時 | 1 同じ根拠を用いているのに異なる意見が存在することに気付かせる。<br>2 対立点について話し合う。 | | 行うように指示する。<br><br>◇各意見の対立点を把握している。（読・発言） |
| **四次**<br><br>5時 | ○条例を修正するとすれば、どのような修正案があり得るかを考える<br>1 個人の案を持ち寄り、グループで話し合う。<br>2 グループ毎に案を発表し合う。 | | ◆発表の際はグループ案自体を読み上げるとともに、決定に至る経緯やグループ内の議論の様子についても報告させる。<br>◇妥当性のある修正案を考えている。（読・発言） |

## （5）授業の実際（4／5時間）

| 学習活動 | 発問/課題指示と学習者の活動 | ◆指導上の留意点　◇評価規準 |
|---|---|---|
| 1 本時の目標を確認する。 | ○条例に対する対立点を明らかにしよう。賛否が分かれているのはなぜだろうか。前回までに整理した内容を基に、各意見をもう少し詳しく分析してみよう。 | |
| 2 ワークシートを再整理する。 | ○まずは前回までに作成したワークシートを読み直してみよう。条例の本文、新聞社説、コミュニティーサイトの声、これらの内容をもう一度見直してみよう。 | ◆ワークシートの記入不足や修正について時間をとる（机間指導）。 |
| 3 各意見の主張・根拠・理由付けについて分析する。 | ○新聞社説の主張と根拠と理由付けはどうなっているだろうか。ワークシート（P.49資料参照）を基に、要素ごとに取り出してみよう。<br><br>主張＝条例の制定は苦肉の策だったが、現状を鑑みれば、さらなる改正が必要だ。<br>根拠＝放置自転車の増加、駅前環境の悪化、自転車盗難の増加。<br>理由付け＝住民のマナー意識向上のためには、ルールの再整備を伴う必要があるから。<br><br>○次に、コミュニティーサイトの声についても同様に、主張と根拠と理由付けに分けてみよう。 | ◆ワークシートの記入事項だけでなく、必ず対象となる本文に戻って確認させる。<br><br><br><br><br><br>◇それぞれの意見について、主張・根拠・理由付けに分けられている。（読、発言・観察） |
| 4 社説とコミュニティーサイト上の意見との対立点について話し合う。 | ○条例に賛成する社説も反対する市民の意見も、同じ根拠に基づいているということが分かるね。誰もが現状のままでいいとは思っていないし、住民のマナーを問題視していることも分かる。では、なぜ条例についての賛否が分かれるのだろうか。グループで話し合ってみよう。<br>○対立点はどこにあるのか、だんだん見えてきたね。では、この議論の争点は何なのか、グループでまとめてみよう。<br>○グループごとに考えたことを発表する。 | ◆グループワークでは、全員の考えの表明を基に、対立点を絞り込んでいくように指示する。<br><br><br>◇議論の対立点についてまとめている。（読、発言・観察） |
| 5 条例の修正案について考える。 | ○条例に対する賛否の争点が分かってきたところで、修正案の可能性について考えてみよう。今日は残りの時間を使って、個人で考えてみよう。次回に各々の修正案を持ち寄って話し合ってもらうからね。 | ◆個人の修正案については時間が不足した場合、自宅学習とする。 |

039

## （6）　授業改善のポイント

### ①　図表の読み取りは文章の文脈と関連付ける

　市の広報に記載されている、条例制定の背景についての解説と放置自転車の増加を示すグラフや事故件数の数値などを読み取る際の指示は、「気付いたことについて話し合ってみよう」など、漠然としたものではなく、解説の文脈と関連付けるように、「いつから放置自転車は増加しているか」「十年前と現在とではどのくらいの変化があるか」といった具体的な発問や課題指示によって、図表の読み取りができるように促したい。この広報資料に記載されている客観的な事実が、後に、各意見の妥当性を検討する上では重要な手がかりとなるので、的確な読み取りが必要になるとともに、根拠の重要性に気付かせるきっかけともなる。

### ②　複数の文章の比較は同一の観点やフレームを用いる

　複数の文章を比較させる場合、観点が異なると比較にならない。今回は、新聞の社説も、インターネット上の市民の意見も、同じ「主張・根拠・理由付け」の三つの観点によって各要素となる情報を取り出し、それぞれの違いについて分析させる。その際、社説も市民の声も、同じ根拠に基づいた主張にも関わらず、主張が異なるのはなぜかを考えさせるようにしたい。漫然と教材を読み、内容を理解するという読解だけでなく、目的を共有させて、具体的な方法に沿った精査・解釈を行わせることで、学習者自身に読む能力の習得が自覚できるような学習活動が必要である。

### ③　グループの話し合いは、司会・記録と時間を決め、成果をクラス全体で共有する

　話合いの際にも、すべて学習者任せになり、どのような話し合いがなされているのか、いないのかがよく分からないような状況をつくらないことが肝要である。まずは、個人の作業を確実に行わせてから、それぞれの成果を持ち寄るように前提を整える。その上で、グループごとに司会・記録、全体への報告等、グループ内の役割分担を明確にしてから、時間を決めて話し合わせるようにしたい。話し合いに慣れていない場合、まず各自の考えを披露し合い、次に共通見解や相違する意見を腑分けし、各意見の詳細や適否について判断する、というように、詳しい手順を共有させてから行わせる。この話合いの成否が、思考の深まりに直結するので、机間指導や全体への報告の際に、教師からの指導・

評価や助言がきわめて重要になる。

# ④ 年間指導計画の立て方

　以上述べてきたような「現代の国語」のねらいと特性を的確に理解した上で、各校で年間指導計画を立案する必要がある。これまで、教科書や教材を指標にした指導計画が多く見られたが、資質・能力ベースであることが今回の改訂の大きな特徴であり、あらためて年間指導計画の立案の仕方が見直される必要があろう。その点から、学習指導要領の指導事項や言語活動例を明確に意識した年間指導計画案を作成するようにしたい。

## ■年間指導計画の例

「現代の国語」年間総時間数標準70

| 領域 | 話すこと・聞くこと | 書くこと | 読むこと |
|---|---|---|---|
| 時間数 | 20−30 | 30−40 | 10−20 |

一学期

| 単元名【領域】 | 重点とする指導事項 | 言語活動例 | 主な学習活動と教材 | 〔知識および技能〕との関連 |
|---|---|---|---|---|
| 我が校の魅力を伝えるスピーチをしよう【話すこと・聞くこと】（5時間） | ウ　話し言葉の特徴を踏まえて話したり、場の状況に応じて資料や機器を効果的に用いたりするなど、相手の理解が得られるように表現を工夫すること。 | ア　自分の考えをスピーチしたり、それを聞いて、同意したり、質問したり、論拠を示して反論したりする活動。 | ・我が校の特徴や魅力について話し合う。<br>・構成メモを作成する。<br>・聞き手として設定した小学6年生にも分かるように表現を工夫する。<br>・小グループでスピーチの練習をする。<br>・相互評価を踏まえて、構成や表現を見直す。<br>・全体の前でスピーチを行う。 | (1) イ　話し言葉と書き言葉の特徴や役割、表現の特色を踏まえ、正確さ、分かりやすさ、適切さ、敬意と親しさなどに配慮した表現や言葉遣いについて理解し、使うこと。 |
| 意見文を書こう【書くこと】（6時間） | イ　読み手の理解が得られるよう、論理の展開、情報の分量や重要度などを考えて、文章の構成や展開を工夫すること。 | ア　論理的な文章や実用的な文章を読み、本文や資料を引用しながら、自分の意見や考えを論述する活動。 | ・若者言葉に関する資料を読んで、論点を整理する。<br>・論点について意見を持つ。<br>・ワークシートに意見と根拠をまとめる。<br>・構成ノートを作成し、キーセンテンスを適切な接続表現でつなげる。<br>・意見文を書き、相互評価を行う。 | (1) オ　文、話、文章の効果的な組立て方や接続の仕方について理解すること。 |
| 中間考査 |||||

041

| 比較して読もう①<br>【読むこと】<br>（4時間） | ア　文章の種類を踏まえて、内容や構成、論理の展開などを叙述を基に的確に捉え、要旨や要点を把握すること。 | ア　論理的な文章や実用的な文章を読み、その内容や形式について、引用や要約などをしながら論述したり批評したりする活動。 | ア　論理的な文章や実用的な文章を読み、その内容や形式について、引用や要約などをしながら論述したり批評したりする活動。<br>・チンパンジーと人間の違いについて書かれた論説「想像するちから」（松沢哲郎）と「進化の隣人」（松沢哲郎）を読む。<br>・二つの論説の要旨をまとめる。<br>・どちらの文章の表現の仕方が効果的かを話し合って評価する。 | (2)ア　主張と論拠など情報と情報との関係について理解すること。 |
|---|---|---|---|---|
| 話し合いから新しいアイデアを見つけよう<br>【話すこと・聞くこと】<br>（4時間） | オ　論点を共有し、考えを広げたり深めたりしながら、話合いの目的、種類、状況に応じて、表現や進行など話合いの仕方や結論の出し方を工夫すること。 | ウ　話合いの目的に応じて結論を得たり、多様な考えを引き出したりするための議論や討論を、他の議論や討論の記録などを参考にしながら行う活動。 | ・ブレーンストーミングの方法と原則を知る。<br>・ブレーンストーミングの映像を見る。<br>・話し合いに必要な語彙を知る。<br>・「みんなで楽しく放課後の掃除をするには」について、小グループでブレーンストーミングを行う。<br>・出されたアイデアについて結合改善を行う。<br>・小グループごとに生みだした新しいアイデアを発表し合い、コンクールを行う。 | (1)エ　実社会において理解したり表現したりするために必要な語句の量を増すとともに、語句や語彙の構造や特色、用法及び表記の仕方などを理解し、話や文章の中で使うことを通して、語感を磨き語彙を豊かにすること。 |
| 文化祭の企画書・提案書を書こう<br>【書くこと】<br>（6時間） | エ　目的や意図に応じて書かれているかなどを確かめて、文章全体を整えたり、読み手からの助言などを踏まえて、自分の文章の特長や課題を捉え直したりすること。 | イ　読み手が必要とする情報に応じて手順書や紹介文などを書いたり、書式を踏まえて案内文や通知文を書いたりする活動。 | ・見本を見て企画書に必要な項目や書き方を知る。<br>・文化祭のクラス企画について、生活班ごとに企画書を書く。<br>・ワールドカフェで、各班の企画書を読み合い、相互に評価する。<br>・現在の規定では不可能な企画を実現するための提案書を各自で考えて書く。 | (2)イ　個別の情報と一般化された情報との関係について理解すること。 |
| 期末考査 ||||

## ❺ 「現代の国語」の教科書はどうあるべきか

　「現代の国語」が、実社会に生きて働く言語能力の育成を目指し、「話すこと・聞くこと」「書くこと」に多くの時間を配当していることから、その教科書の姿は、現行の「国語総合」よりも「国語表現」に近いイメージが浮かぶ。よもや「国語総合」の分冊〈現代文編〉のような姿にはならないはずである。

　大前提として、「話すこと・聞くこと」や「書くこと」に慣れていない高校現場に実践のヒントを与え、有効な学習材として機能する教材開発が求められよう。その意味で、学習活動の展開が提示され、授業の内容がイメージできる教科書が必要だろう。また、「内容の取扱い」に明記された「現代の社会生活に必要とされる論理的な文章及び実用的な文章」という文種の限定も、来るべき教科書のイメージ形成にヒントを与えてくれる。

　しかし、ここまでの検討から分かるように、問題は単に文種や、従来からの教材を残すか否かということではない。特に、「読むこと」の学習が転換できるかは、教科書の在り方に左右されるだろう。

　従来の「読むこと」は、まず教科書があり、教材名が指標となって単元が構成され、その文章の内容を読み取って終わる、というものが多かった。なぜその文章を読むのか、どのような力を付けるために読むのかは不問のまま、文章の内容を解釈していく授業が当たり前だった。また、読む対象も、評論や小説、詩といった言語文化として内在価値の高いものに限られ、そうした文章観からすると異質な趣を持つ「実用的な文章」は積極的に扱われてこなかった。

　繰り返すが、「現代の国語」は教材によって規定された科目ではない。実生活において必要な読む能力の育成に適した教材を用いて、具体的な学習活動のプロセスの中で指導することが必要になる。文学や滋味のある評論といった、文章それ自体の価値に焦点化した「読むこと」の学習は「言語文化」などで行うことから、これまで以上に「実用的な文章」が教材として重要な役割を果たすことになる。

　「実用的な文章」がこれまで現場から鬼子のように疎んぜられてきたのも、他の、小説や詩、評論と同じように扱おうとすると、言わずもがなのことばかりとなり、授業にならないばかりか、貴重な時間を割いて扱うことに疑問を感じると直感していたからだろう。また、教科書編集の側でさえも、どのように

教材化すればいいのか明確なビジョンが無く、採録されてはいても半ば形骸化していたと言っていいのではないだろうか。〈素材文＋学習の手引き〉という編集は、そのまま授業の在り方にも結び付く。文章を読み、場面分け・段落分けをして、細部の解釈を展開し、全体のまとめを行うという、よく見られる読解指導は、一口に言えば、その文章を「正しく理解する」ことに目的がある。

　しかし、「実用的な文章」の場合、文章の解釈と理解だけでは学習指導にはなりにくい。例えば、評論と比べても語彙や表現は平易であり、曖昧さや解釈の揺れは極力排除されて書かれている。何より、ある明確な目的や役割を担っているのが「実用的な文章」だからだ。ということは、それを読むこと自体に価値があるというより、読み手の目的や必要との関連で読まれたときに教材としての価値が浮かび上がる。つまり、そこにコンテクストが浮上するということだ。文章そのものも図表や写真といった異なる形式の資料とともに作られていたり、別の資料と関連付けて読まれたりするため、様々なレベルでの関連付けが必要になる。こうした、コンテクストや関連付けによって、読むという行為が立体的となり、実社会において求められる読む能力に近い学習指導が可能になる。このことは、この間公表されている大学入学共通テストの記述式問題例にも当てはまることである。

　例に挙げた条例とそれ対する異なる意見を読むという単元では、このような、コンテクストを踏まえて複数の文章を読み妥当な考えを形成していく過程としての学習展開を構想している。この単元では、従来の「読むこと」でよく見られた、段落分けや重要表現の言い換え等、文章の内容理解や解釈自体に多くの時間を割いてはいない。かわりに、個人作業を踏まえたグループワークや発表（アウトプット）が多くの時間を割いている。教師が読み方や解釈をリードして、教材を解説していくルーティンがないことから、これで読む力が付くのかと疑問を感じる向きもあろう。しかし、よく考えてほしいのは、従来のルーティンによって果たしてどのような読む力が付いたのかということである。定期試験によって測定していたのは、本当に読む力なのか、それとも授業内容の理解力や暗記力なのか。

　これまでも、国語教育のその時々の流行に沿って、様々な実践の試みがあった。ディベートで「舞姫」を読む、PISA型読解力を育む「羅生門」の授業等、現場でなじみのある定番教材を用いて、論理的思考力や批判的な読みの力を育

成できるといった提起が行われてきた。しかし、それらの実践の内容をよく見ると、「読むこと」の中身自体は大きく変わらず、いわば看板だけを取り替えたような印象もまた否めなかった。また、そうした流行の方法論を取り入れ、その方法論自体が自己目的化して、せっかくの文学教材の価値の豊穣さが損なわれてしまっているような実践事例も見られた。どんな教材を用いても、目指す「資質・能力」の育成は可能といえば可能だが、より適した教材があるのも確かだろう。特に、定番教材は現場でなじみがあるだけに、どうしても教材価値を自明視してしまい、旧に復する力をもつ。定番教材を教えてさえいれば、国語科の任務を果たしていると思えてしまうところがあるからだ。つまり、定番教材に依存していると、なかなか教材ベースの発想からは自由になりにくいのだ。

「現代の国語」が目指している「読むこと」に適した教材を考えたとき、「内容の取り扱い」に明記された「現代の社会生活に必要な論理的な文章と実用的な文章」という限定は妥当だろう。何より、「現代の国語」では「教材を教える」のではないということははっきりしている。そうであれば、発問と板書だけで展開していくこれまでの授業だけでは実現できないということもまた明白である。無論、アクティブラーニングをやることが目的ではなく、求められる能力の形成のために「主体的・対話的で、深い学び」が展開されなければならない。そして、そうした学習指導プランに最適な教材を活用するという発想への転換が特に「現代の国語」では不可欠であろう。

（幸田国広）

## 資料

### ■教材 1

◎WX市自転車等の放置防止に関する条例

平成11年4月5日

条例第16号

WX市自転車等の放置防止に関する条例をここに公布する。

WX市自転車等の放置防止に関する条例

（目的）

第1条　この条例は、公共の場所における自転車等の放置を防止することにより、良

好な生活環境を保持し、もって公共の福祉の増進に寄与することを目的とする。

（定義）

第2条　この条例において、次の各号に掲げる用語の意義は、それぞれ当該各号に定めるところによる。

(1)　自転車　道路交通法（昭和35年法律第105号）第2条第1項第11号の2に規定する自転車をいう。

(2)　原動機付自転車　道路交通法第2条第1項第10号に規定する原動機付自転車をいう。

(3)　自動二輪車　道路交通法第3条に規定する自動二輪車をいう。

(4)　自転車等　自転車、原動機付自転車及び自動二輪車をいう。

(5)　公共の場所　道路、駅前広場、公園、緑地その他の公共の用に供する場所をいう。

(6)　利用者等　自転車等の利用者及び所有者をいう。

(7)　放置　自転車及び原動機付自転車が駐車を認められた場所以外の公共の場所に置かれ、又は自動二輪車が道路交通法第2条第1項第1号に規定する道路若しくは駐車を認められた場所以外の公共の場所に置かれ、かつ、当該自転車等の利用者等が当該自転車等から離れているため、直ちに当該自転車等を移動することができない状態をいう。

（WX市の責務）

第3条　WX市は、自転車駐車場の設置、自転車等の適正な駐車方法の指導啓発、民営自転車駐車場事業の育成、関係機関及び関係団体との協力体制の確立等総合的な自転車等の放置防止施策の推進に努めるものとする。

（市民の責務）

第4条　市民は、自転車等の放置の防止に関する意識を高め、この条例の目的を達成するため横浜市が実施する施策に協力しなければならない。

2　駅又は停留所（一般乗合旅客自動車運送事業の停留所をいう。）の周辺の居住者は、当該駅又は停留所への自転車等の利用を自粛するように努めなければならない。

（利用者等の責務）

中　　略

第7条　利用者等は、放置禁止区域内に自転車等を放置してはならない。

（放置自転車等に対する措置）

第8条　市長は、放置禁止区域内に自転車等を放置し、又は放置しようとする利用者等に対し、当該自転車等を当該放置禁止区域から自転車駐車場その他放置禁止区域以外の適切な場所に移動するよう指導し、又は命ずることができる。

第9条　市長は、放置禁止区域内に放置されている自転車等を、あらかじめ市長が定めた場所（以下「保管場所」という。）に移動し、又は当該職員に移動させることができる。

（移動した自転車等の措置）

第10条　市長は、第12条又は第13条第2項の規定により自転車等を保管場所に移動したときは、規則で定めるところにより、その旨を公示し、かつ、その利用者等に当該自転車等を返還するために必要な措置を講じなければならない。

2　市長は、前項の規定による公示の日から規則で定める期間を経過してもなお当該自転車等を返還することができない場合において、その保管に不相当な費用を要するときは、当該自転車等を売却し、その代金を保管することができる。この場合において、当該自転車等につき、買受人がないとき、又は売却することができないと認められるときは、市長は、当該自転車等につき廃棄等の処分をすることができる。

（費用の徴収等）

第11条　市長は、規定により自転車等を移動したときは、次に掲げる額の移動に要した費用を当該自転車等の利用者等から徴収する。

(1)　自転車　4,500円

(2)　原動機付自転車及び自動二輪車　7,000円

2　市長は、自転車等を放置したことがやむを得ない場合で、規則で定めるときは、前項の費用の徴収を免除することができる。

附　則

以下略


■教材2

┌◎WX市民新聞社説（一部）─────────────

　市内の駅前に放置された自転車などの数は、10年前の5千台に比べ、約10倍に増え、過去最高を更新したことが市のまとめで分かった。この間、駅周辺の駐輪

場は収容能力が2.5倍に増えた。にもかかわらず、放置自転車や放置バイクの数は右肩上がりだ。

　特に放置台数が多いのはER駅やOP駅だった。自転車の盗難も増えた。

　市内にはここ数年でタワーマンションが増え、人口が急増した。10年前は考えられない駅前の風景に、各所からの苦情も増えた。この間、マナーの向上を呼びかけてきたが、効果は限定的だった。放置自転車条例が施行されたことは、WX市民のマナー意識に期待するだけではどうにもならない現状を変えるための苦肉の策だったといえよう。

　しかし、この間、放置自転車の撤去や駐輪場の維持などに関する市の負担は増加。昨年度中に市が撤去した放置自転車などのうち、持ち主に返還されず処分したのは67％にのぼる。処分方法はリサイクルが23％、部品の活用が14％、廃棄が63％だった。

　市は「放置は歩行者らの妨げとなり、撤去や保管に多大なコストが生じている」としている。　　　後略

## ■教材3

┌◎コミュニティーサイトの声（市民の意見）（一部）─────────

　名無しさん@自転車ラブ

　ER駅近くのマンション前の歩道に放置自転車が常時10台ほどとめてあるため、住民は歩道が通れないので車道へ迂回して通行している。この一帯は車の通行量も多く非常に危険なため、建設局へ連絡をしたが、当該エリアは放置禁止区域外なので即時撤去が出来ないと言われた。建設局からマンションのオーナーへ啓発、指導もして貰ったが全く動く気配がない。この状況が続けばいつか事故が発生すると思うので、そうならないためにも早急に何らかの対処を取ってほしい。


　孤高のライダー@転載禁止

　なんでこんなに撤去料が高いのか。周辺の自治体と比較しても倍以上だ。放置自転車問題が重要なのはわかるが、常識外れの撤去料ではないか。こんなに高いと、引き取りに行く気もなくなる。そうするとよけい保管料などのコストもかかるのではないか。

■ワークシート

◎新聞社説の主張を整理しよう

氏名 _____

主張

実効性のある条例の改正が必要だ

理由付け

市民にマナー向上を呼びかけるだけでは、
現状を変えることは難しい。

根拠

・この間、駐輪場を拡張してきた。しかし放置車両は増え続けている。

・撤去や保管に多くのコストが生じている。

・苦情や盗難が増えた。

049

# 共通必履修科目

# 言語文化

## ❶ 本科目の特徴

「言語文化」は、「現代の国語」とともに共通必履修科目として設定された新科目であり、科目の目標は次のようになっている。

> 言葉による見方・考え方を働かせ、言語活動を通して、国語で的確に理解し効果的に表現する資質・能力を次のとおり育成することを目指す。
>
> (1) 生涯にわたる社会生活に必要な国語の知識や技能を身に付けるとともに、我が国の言語文化に対する理解を深めることができるようにする。
>
> (2) 論理的に考える力や深く共感したり豊かに想像したりする力を伸ばし、他者との関わりの中で伝え合う力を高め、自分の思いや考えを広げたり深めたりすることができるようにする。
>
> (3) 言葉がもつ価値への認識を深めるとともに、生涯にわたって読書に親しみ自己を向上させ、我が国の言語文化の担い手としての自覚をもち、言葉を通して他者や社会に関わろうとする態度を養う。

目標は資質・能力の三つの柱に基づいて設定されており、(1)が「知識・技能」、(2)が「思考力・判断力・表現力等」、(3)が「学びに向かう力・人間性等」の目標となっている。このうち(2)と(3)は、「現代の国語」と同じ文言となっている。これは、(1)でそれぞれの科目の特性を示しながらも、共通必履修科目で育成すべき資質・能力を「現代の国語」と「言語文化」の双方で補い合いながら身に付けるものであることを示している。

共通必履修科目が「現代の国語」と「言語文化」の二つに分けられたことについて、平成28年12月21日の中央教育審議会答申「幼稚園、小学校、中学校、

高等学校及び特別支援学校の学習指導要領等の改善及び必要な方策等につい
て」（以下「答申」）では、以下のように述べられている。

> 　国語は、我が国の歴史の中で創造され、上代から近現代まで継承され
> てきたものであり、そして現代において実社会・実生活の中で使われて
> いるものである。このことを踏まえ、後者との関わりの深い実社会・実
> 生活における言語による諸活動に必要な能力を育成する科目「現代の国
> 語」と、前者と関わりの深い我が国の伝統や文化が育んできた言語文化
> を理解し、これを継承していく一員として、自身の言語による諸活動に
> 生かす能力を育成する科目「言語文化」の二つの科目を、全ての高校生
> が履修する共通必履修科目として設定する。

　ここから分かる通り、「言語文化」では「我が国の伝統や文化が育んできた
言語文化を理解し、これを継承していく一員として、自身の言語による諸活動
に生かす能力」の育成を目指すことになる。

　このような能力を育成するためには「上代（万葉集の歌が詠まれた時代）か
ら近現代につながる我が国の言語文化への理解を深める」ことが必要であると
「答申」においても指摘されている。確かに、これまでの国語科においても言
語文化への理解の重要性は指摘されてきた。しかし、例えば平成21年版学習指
導要領下の言語文化に関わる選択科目が「現代文A」「古典A」に分けられて
いたことからも伺うことができるように、言語文化に関する指導についても、
現代文分野と古典分野に分けて捉えることが慣習的に行われてきたのであり、
上代から近現代を連続的なものとして捉える視点で言語文化への理解を深めて
いくことは十分に行われてはこなかったと言わざるを得ない。

　このことに関して、「答申」では高等学校の古典の学習の課題を次のように
指摘している。

> 　日本人として大切にしてきた言語文化を積極的に享受して社会や自分
> との関わりの中でそれらを生かしていくという観点が弱く、学習意欲が
> 高まらないこと

　この指摘は、平成17年に国立教育政策研究所が実施した教育課程実施状況調
査において、高校生の7割以上が古文及び漢文の学習を面白くないと感じてい

るという結果が出たことが、依然として十分に改善されていないという認識を示したものと言えるだろう。その背景には、古典の学習指導が品詞分解による逐語訳や、助動詞の意味・接続などを暗記することに重点を置かれるために、学習者に古典の面白さを実感させることができていないということが考えられる。

「答申」ではこれらの課題の克服のために、言語文化を「社会や自分との関わりの中で」生かしていくことの重要さが指摘されているのである。学習者が自分たちとは遠く離れた世界にあると感じている古典を、学習者自身と関わりあるものと実感させることを通して、学習意欲を高めることの重要性を指摘したということである。

「言語文化」は〔知識及び技能〕の指導事項と〔思考力、判断力、表現力等〕の指導事項及び言語活動例から構成されている。〔思考力、判断力、表現力等〕はさらに「A書くこと」と「B読むこと」の二つの領域に分けられて指導事項と言語活動例が示されている。〔知識及び技能〕と〔思考力、判断力、表現力等〕の学習指導については、小学校・中学校と同様に互いに関連させることが求められている。

「書くこと」に関する指導については70単位時間のうち５～10単位時間程度行うこととされている。「読むこと」に関する指導については、近代以降の文章に関する指導が20単位時間程度、古典に関する指導が40～45単位時間程度とされている。このように、「言語文化」では70単位時間の９割近くを「読むこと」に関する指導に費やすこととなっている。

「書くこと」に関する指導については、わずかな時間しかとれないことを鑑み、「言語文化」の科目にふさわしい学習を展開することが重要となる。そのために何が必要かを考える上で、「書くこと」の言語活動例が参考になる。

> ア　本歌取りや折句などを用いて、感じたことや発見したことを短歌や俳句で表したり、伝統行事や風物詩などの文化に関する題材を選んで、随筆などを書いたりする活動。

この言語活動例に示されているように、本歌取りや折句を用いて短歌や俳句を作ることや、文化に関する題材を選んで随筆などを書くことに、「言語文化」の「書くこと」に関する指導の特性がよく示されていると言える。また同時に、

「現代の国語」との違いが明確に示されているとも言える。

　「読むこと」に関する指導については、以下に示す「３．内容の取扱い」の
(1)イ、ウが「言語文化」の特性をよく示している。

---

　　イ　「B読むこと」の古典に関する指導については、40〜45単位時間程
　　　度を配当するものとし、計画的に指導するとともに、古典における
　　　古文と漢文の割合は、一方に偏らないようにすること。その際、古
　　　典について解説した近代以降の文章などを活用するなどして、我が
　　　国の言語文化への理解を深めるよう指導を工夫すること。
　　ウ　「B読むこと」の近代以降の文章に関する指導については、20単位
　　　時間程度を配当するものとし、計画的に指導すること。その際、我
　　　が国の伝統と文化に関する近代以降の論理的な文章や古典に関連す
　　　る近代以降の文学的文章を活用するなどして、我が国の言語文化へ
　　　の理解を深めるよう指導を工夫すること。

---

　イは古典に関する指導、ウは近代以降の文章に関する指導についてのもので
ある。古典に関する指導については、古文と漢文の割合が一方に偏らないよう
にすることは当然のこととしても、ここで行われる指導が現代語訳や文法事項
の暗記を中心としたものとなってはならない。平成21年版の「国語総合」の伝
統的な言語文化に関する指導と同様に、古典について解説した近代以降の文章
を活用するなどして、古典に親しみ、我が国の言語文化への理解を深めるよう
に指導していくことが重要となる。「言語文化」のねらいは、答申の文言にも
ある通り「我が国の伝統や文化が育んできた言語文化を理解し、これを継承し
ていく一員として、自身の言語による諸活動に生かす能力」の育成にあり、国
語が「上代から近現代まで継承されてきたもの」であることを生徒に実感させ
るような指導を工夫することが求められる。

　近代以降の文章に関する指導については、教材文の内容を読み取ってゆくだ
けではなく、我が国の言語文化に関わる学習となっていなければならない点が、
これまでの「国語総合」の「読むこと」に関する指導と異なる点と言える。「国
語総合」で近代以降の文章を教材とする場合には、必ずしも我が国の言語文化
と関連して指導することは求められてはいなかった。しかしながら、「言語文
化」の「読むこと」に関する指導は、たとえ近代以降の文章を扱う場合でも常

に我が国の言語文化と関連した指導となっていることが求められている。また、近代以降の文章に関しては、論理的な文章だけでなく古典に関連する近代以降の文学的文章も活用することが指摘されている点は注目に値する。

　以上見てきたように、「言語文化」は上代から近現代まで継承されてきた我が国の言語文化を理解し、自身の言語による諸活動に生かす能力を育成することをねらいとした科目であって、決して「国語総合」の古典分野を独立させたものではないということを肝に銘じておくことが必要であろう。

## ❷ 育成すべき「資質・能力」

　「言語文化」は、我が国の言語文化に対する理解を深めることをねらいとしており、そのために必要な資質・能力が指導事項として示されている。この科目で育んだ資質・能力は、「文学国語」「古典探究」といった選択科目でさらに伸張が図られ、より探究的な学習に向かっていくという点において、これらの三科目はゆるやかな系統でつながっていると言える。

　ここでは、「言語文化」で育成すべき資質・能力がどのようなものかを考える手がかりとすべく、この科目の特性がよく分かる指導事項を取り上げてみることとする。

### ○「知識及び技能」

> オ　本歌取りや見立てなどの我が国の言語文化に特徴的な表現の技法とその効果について理解すること。

　この指導事項は、中学校第１学年の〔知識及び技能〕の(1)の「オ　比喩、反復、倒置、体言止めなどの表現の技法を理解し使うこと」を受けて、我が国の言語文化に特徴的な表現の技法とその効果について理解することを示したものである。

　注目すべきは、この事項が「我が国の言語文化に関する事項」ではなく、「言葉の特徴や使い方に関する事項」として設けられている点である。従来の国語科では「本歌取り」や「見立て」などは主に古典で学習すべきものと捉えられてきた。しかしながら、「言語文化」においては、それを「我が国の言語文化に関する事項」ではなく「言葉の特徴や使い方に関する事項」として位置付け

054

ることで、我が国の言語文化に特徴的な表現の技法についての学習が、古典に限定されるものではないことを明確に示したこととなる。

　近代以降の文章においても、評論などで名言の部分的な言い換えが行われたり、文学作品がそれ以前の作品の世界に見立てられたりすることは少なからず見られることであり、このようなものも含めて、我が国の言語文化に特徴的な技法とその効果について理解することが求められているのである。

## ○「書くこと」

> イ　自分の体験や思いが効果的に伝わるよう、文章の種類、構成、展開や、文体、描写、語句などの表現の仕方を工夫すること。

　この指導事項は、中学校第3学年の〔思考力・判断力・表現力等〕の「B書くこと」のイ～オを受けて、自分の体験や思いが効果的に伝わるよう、文章の種類、構成、展開や、文体、描写、語句などの表現の仕方を工夫することを示したものである。

　この事項は、「現代の国語」の「B書くこと」の「ウ　自分の考えや事柄が的確に伝わるよう、根拠の示し方や説明の仕方を考えるとともに、文章の種類や、文体、語句などの表現の仕方を工夫すること」との違いを意識して指導することが重要となる。どちらの事項にも「文章の種類」という文言が用いられているが、「現代の国語」と「言語文化」では想定されているものが異なることを理解しておかなければならない。「言語文化」で想定されている文章の種類とは、詩歌、小説、随筆、戯曲などである。したがって、体験や思いを効果的に伝えるための表現の仕方の工夫も、これらの文章を書くことを前提とした構成、展開や、文体、描写、語句の工夫ということになる。

　その際「現代の国語」では「的確に伝わる」ことを目指すが、「言語文化」では「効果的に伝わる」ことを目指すという違いがあることにも留意する必要がある。「効果的に」伝えるには、相手が情景を想像しやすくなるように語感に訴える語彙を選択したり、体験や思いをどの程度具体的に示すかを考えたり、自分の感動を焦点化するにはどうすべきかを考えたりする能力を身に付けさせることが必要となる。

　そのためには語彙についての指導が不可欠であり、〔知識及び技能〕の(1)の

「ウ　我が国の言語文化に特徴的な語句の量を増し、それらの文化的背景について理解を深め、文章の中で使うことを通して、語感を磨き語彙を豊かにすること」と関連付けた指導を工夫することも重要となる。


## ○「読むこと」

> エ　作品や文章の成立した背景や他の作品などとの関係を踏まえ、内容の解釈を深めること。

　この指導事項は、「成立した背景や他の作品などとの関係」といったテクスト以外の情報に、作品の解釈を深める手がかりを求めることの重要性を指摘している点に特徴がある。

　文学作品には成立上の特有の背景を有するものがあり、その背景を理解しておくことが解釈のための重要な前提となっている場合が少なくない。したがって、作品の解釈を深めるためには、成立の背景となった情報に目を向けることの大切さを理解しておくことや、それらの情報について適切に調べることができる能力を身に付けておくことが必要となる。

　このことは、これまでも実際の指導においては扱われてきたことではあるが、それを資質・能力として明確に位置付けた点に「言語文化」の科目としての特性がよく表れていると言えよう。

　また、文学作品の中には、例えば近代以降の作品に古典の説話などを基にしたものがあるように、他の作品と関わりをもって成立しているものも少なくない。このような作品の内容について解釈を深めるためには、成立に関わった他の作品も併せて読むことが不可欠なことと言えよう。基となった作品の内容や表現などとの相違点や共通点を捉えていくことで、一つの作品を読むだけでは得られない発見や新たな課題を得ることが期待できる。それらの発見や課題は、作品の解釈を深めるための重要な手がかりとなるはずである。

　以上見てきたように、この指導事項ではテクストを読むこと以外に、作品成立の背景を調べたり、成立に関わる他の作品を読んだりすることの重要性が示されている。作品成立の背景を調べることはいわゆる調べ読みであり、成立に関わる他の作品を併せて読むことはいわゆる比べ読みである。このことから、調べ読みや比べ読みを積極的に取り入れ、作品を取り巻く様々な状況に目を向

けることで、内容についての解釈が深まることを実感させることが「言語文化」の学習の重要な特性の一つであることが了解されるだろう。

# ❸ 単元構想案

「言語文化」の単元構想においては、複数の文章を教材とすることや近代以降の文章と古典の文章とを併せて読むことなどが多く求められることになる。ここでは、その点を踏まえ、二つの単元構想案を示す。

単元構想案（１）

```
単元名　作品の解釈を深める（「読むこと」）
　　　　「見立て」について学習した後、源氏物語「若紫」の解釈を伊勢
　　　　物語「初冠」と関連させて深めていく。
```

## （１）単元の概要

本単元では、現代の随筆を読み、言語文化に関する表現技法について学習した後、その技法を用いて古文の作品を「精査・解釈」することを通して、作品の解釈を深める学習を展開する。具体的には、次の言語活動例と対応している。

> ウ　異なる時代に成立した随筆や小説、物語などを読み比べ、それらを
> 　　比較して論じたり批評したりする活動。

「言語文化」は、上代から近現代まで継承されてきた我が国の言語文化を理解し、自身の言語による諸活動に生かす能力を育成することをねらいとした科目である。このことを踏まえ、この単元では現代にも継承されている言語文化に関する表現技法の一つである「見立て」を取り上げ、現代の随筆、源氏物語、伊勢物語を教材として用いている。

まず、山崎正和の「演じられた風景」を読み、「見立て」が日本の文化として現在も生き続けていることを確認する。その後、源氏物語「若紫」の巻を伊勢物語「初冠」の段と関連させて読むことで、「若紫」が「初冠」の世界と重ねられていることに気付き、「若紫」の内容をより豊かに解釈できることを理解する。

こうして、「見立て」が作品の解釈を深めるのに効果を発揮する表現技法であることを理解するとともに、我が国の言語文化として継承されていることも併せて理解する。この学習は、「A書くこと」の(1)の「イ　自分の体験や思いが効果的に伝わるよう、文章の種類、構成、展開や、文体、描写、語句などの表現の仕方を工夫すること」の指導において、詩歌などを創作する活動とも関連付けることができる。

## （2）単元の目標

○本歌取りや見立てなどの我が国の言語文化に特徴的な表現の技法とその効果について理解すること。〔知識及び技能〕

○作品や文章の成立した背景や他の作品などとの関係を踏まえ、内容の解釈を深めること。〔思考力、判断力、表現力等〕

○作品や文章の成立した背景や他の作品などとの関係を踏まえ、内容の解釈を深めようとする。（学びに向かう力、人間性等）

## （3）評価規準

| 知識及び技能 | 思考力、判断力、表現力等 | 態度 |
|---|---|---|
| 「見立て」の技法とその効果について理解することができる。 | 他の作品などとの関係を踏まえ、内容の解釈を深めることができる。 | 他の作品などとの関係を踏まえ、内容の解釈を深めようとしている。 |

## （4）単元の全体計画（全6時間）

| | 主な学習活動 | ◆指導上の留意点　◇評価規準 |
|---|---|---|
| **一次**<br><br>1, 2時 | ○「演じられた風景」（山崎正和）を読み、「見立て」について理解する。<br>1　「演じられた風景」全文を通読する<br>2　庭の池や築山の本来の魅力がどのように現れるかを読み取る。<br>3　筆者が「見立ての精神」が日本の文学にも伺うことができると考えていることを読み取る。 | 「見立て」について読み取ることを伝える。<br>◆「二重のイメージを作ったとき」に「本来の魅力も現れる」と述べている点に着目させる。<br>◆「見立ての精神」が「日本の文学」にも「のぞいていないか」と述べている点に着目させる。<br>◇「見立て」の技法について理解している。（知識・ワークシート） |
| **二次**<br><br>3, 4時 | ○若紫巻の「人なくて、つれづれなれば～と思ふにも涙ぞ落つる」の部分を読み、女子（若紫）に対する光源氏の思いをおおまかに捉える。<br>1　小柴垣の中の様子が、源氏の視点で描かれていることを確認する。 | ◆グループで考えさせる。<br>◆ワークシートや現代語訳を活用する。<br>◆「限りなう心を尽くしきこゆる人」が誰かを確認する。<br>◇光源氏が女子に対して心惹かれていることを理解している。（読・ワークシート、発 |

058

| | | | |
|---|---|---|---|
| | 2 小柴垣の中の様子を読み取る。<br>3 源氏の女子（若紫）に対する思いを捉える。 | 言） | |
| **三次**<br>5時<br>本時 | ○「若紫」が伊勢物語「初冠」を踏まえていることを理解する。<br>1「初冠」の大体の内容を捉える。<br>2「いちはやきみやびをなむしける」の意味を理解する。<br>3「若紫」と共通している点がないかを考える。<br>4「若紫」が「初冠」を踏まえたものになっていることを理解する。 | ◆ワークシートや現代語訳を活用する。<br>◆グループで考えさせる。<br>◆「男」の「女はらから」に対する思いの強さや、「男」の振る舞いが「みやび」とされていることに注目させる。<br>◆「垣間見」の場面や「若紫」という語に注目させる。<br>◇「若紫」が「初冠」を踏まえていることを理解している。（読・ワークシート、発言） | |
| **四次**<br>6時 | 「初冠」に見立てることで「若紫」の解釈が深まることを理解する。<br>1「初冠」と「若紫」に重なる点があることに気付く。<br>2「若紫」の世界が「初冠」に見立てられていることを理解する。<br>3「若紫」を「初冠」に重ねることの効果について理解したことを簡潔な文章にまとめて提出する。 | ◆グループで考えさせる。<br>◆「初冠」の「春日野の若紫の…」の和歌に「若紫」という語があることや、垣間見が共通していること気付かせる。<br>◆「若紫」の女子は「なまめいたる」女として描写されてはいないが、「初冠」を重ねることで、源氏が女子をそのような対象として捉えていることを読み手に印象付ける効果があることを理解させる。<br>◆「初冠」の「男」の振る舞いが「みやび」とされていたことと重ねることで、女子に思いを寄せる源氏もまた「みやび」であると読み手に印象付ける効果があることを理解させる。<br>◇「初冠」を踏まえることで「若紫」の解釈が深まることを理解している。（態・読・観察、回収したワークシート） | |

## （5）授業改善のポイント

### ① 我が国の言語文化の理解につながる単元づくり

　今回の学習指導要領の改訂によって、国語科では「何を読ませるか」という教材中心の単元構想から、「何を学ぶのか」という資質・能力中心の単元構成への転換を求められている。教材を中心とした単元づくりから、育成すべき資質・能力を中心とした単元づくりに変わっていかなければならないのである。

　本単元では、伊勢物語「初冠」の段との関係を踏まえることにより、源氏物語「若紫」の巻の解釈が深まることを学習者に実感させることをねらいとしている。また、「若紫」と「初冠」の関係を「見立て」と捉え、〔知識及び技能〕の(1)の「オ　本歌取りや見立てなどの我が国の言語文化に特徴的な表現の技法とその効果について理解すること」と関連付けて指導することとしている。ここでのポイントは、単に「若紫」の背景に「初冠」の世界が見立てられていることを知るだけにとどまらず、「見立て」が日本の言語文化として現代にも

059

継承されていることを理解することをねらいとした点である。これは、「言語文化」の科目の特性である「上代から近現代まで継承されてきた我が国の言語文化を理解する」ことを踏まえてのことである。

② 着眼点を明確にして複数の教材文を読み比べる

　本単元では「若紫」に「初冠」が重ねられている点を捉えるという明確なねらいを設けて比べ読みを行っている。

　「若紫」の教材文として取り出した部分だけを読んでも、光源氏の女子（若紫）に対する思慕をうまく捉えることは難しいであろう。本文に「限りなう心を尽くしきこゆる人に、いとよう似たてまつれる」とあり、女子（若紫）が藤壺に似ていることが示されているものの、学習者にとってはこの手がかりだけで光源氏の思いを捉えることは負担が大きいと言わざるを得ない。

　伊勢物語「初冠」の和歌「春日野の若むらさきの……」に気付けば、「若紫」という巻のタイトルが「初冠」を想起させるものであることは容易に理解されるであろう。併せて、双方に垣間見が描かれていることから、光源氏が垣間見た女子（若紫）と、「男」が垣間見た「女はらから」が重ねられることとなる。「若紫」と「初冠」を重ねることで、読み手は光源氏が（例え幼い子供であったとしても）女子（若紫）に懸想していることを自然に解釈することができるのである。さらに、「初冠」の「男」の気持ちの高ぶる様子は「かくいちはやきみやびをなむしける」と描写されており、風雅な振る舞いとして評価されている。学習者にとっては、幼い子供に心を寄せることは不自然なことかもしれないが、「初冠」の世界を重ねている読み手にとっては、光源氏についても「男」同様に風雅なものとして捉えられるのである。

　「言語文化」の学習指導においては、着眼点を明確にして複数の教材文を読み比べる活動を取り入れた単元を積極的に構想することが、これまで以上に求められる。

③ 国語科を現代文と古典に分けることからの脱却

　「言語文化」では、国語科を現代文と古典に分けて学習することから脱却することが不可欠である。我が国の言語文化は上代から現代まで途切れることなく継承されている。「言語文化」ではこのことを学習者にいかに理解させるかが重要なポイントとなる。そのためには、学習者が現代の自分の日常と古典の世界との接点を見つけられるような単元を構想するよう努めなければならない。

「言語文化」は古典の学習のみを担うものではないこと、現代文と古典とを分けて指導することを前提としていないことを改めて強調しておきたい。

単元構想案（2）

単元名　古典とつながる現代の言葉（「読むこと」）
　　　　枕草子の「春はあけぼの」、土佐日記の冒頭部、太宰治の小説「待つ」を教材として、古典と現代の言葉のつながりについて理解する。

## （1）単元の概要

本単元は、教材文の表現の仕方に着眼して「精査・解釈」することを通して、古典の言葉と現代の言葉のつながりを実感させることをねらいとしている。具体的には、次の言語活動例と対応している。

イ　作品の内容や形式について批評したり、討論したりする活動。

本単元では、表現の仕方に着眼して古典の文章にも現代の言語運用と同じ感覚で用いられている表現があることに気付かせ、古典の言葉と現代の言葉のつながりを実感させることをねらいとした。

## （2）指導目標

○時間の経過や地域の文化的特徴などによる文字や言葉の変化について理解を深め、古典の言葉と現代の言葉とのつながりについて理解すること。〔知識及び技能〕

○文章の構成や展開、表現の仕方、表現の特色について評価すること。〔思考力、判断力、表現力等〕

○文章の構成や展開、表現の仕方、表現の特色について評価しようとする。（学びに向かう力、人間性等）

## （3）評価規準

| 知識及び技能 | 思考力、判断力、表現力等 | 態度 |
|---|---|---|
| 古典の文章にも現代と同じ感覚で用いられている表現があることを理解できる。 | 現代の言葉とのつながりから古典の表現の仕方を評価できる。 | 現代の言葉とのつながりから古典の表現の仕方を評価しようとする。 |

## （4）単元の指導計画（全5時間）

| | 主な学習活動 | ◆指導上の留意点　◇評価規準 |
|---|---|---|
| **一次**<br><br>1時 | ○「春はあけぼの」が現代語と同じ語法で解釈できることを理解する。<br>1「春はあけぼの」を現代語訳する。<br>2「春はあけぼの」と同じ語法が現代語にもあることに気付く。<br>3「春はあけぼの」の表現のインパクトについて理解する。 | ◆「春はあけぼの」が「ガムはロッテ」などの宣伝の言葉と同じ語法であることに気付かせる。<br>◆「ガムはロッテがよい」などでは、宣伝の言葉として機能しないことに気付かせる。<br>◇古典の言葉と現代の言葉につながりがあることを理解している。（読・発言、観察） |
| **二次**<br><br>2時<br>3時 | ○土佐日記冒頭部の拙い表現の効果を理解する。<br>1「男もすなる〜平らかに願立つ」までの部分の大まかな内容を捉える。<br>2 帰京に向けた貫之の思いを捉える。<br>3 本文中から拙いと思われる表現を指摘する。<br>4 拙い表現の表現効果を考える。 | ◆ワークシートや現代語訳を活用する。<br>◆グループで考えさせる。<br>◆貫之が土佐にどんな思いで赴いたのかなど適宜説明を補う。<br>◆「〜て、〜て、〜て」という冗長な文があることに気付かせる。<br>◆拙い表現が帰京を急ぐ気持ちをかえってよく表していることに気付かせる。<br>◇土佐日記の拙い表現の効果を理解している。（読・ワークシート、観察） |
| **三次**<br><br>4時<br>5時 | ○土佐日記と「待つ」の表現が同じ感覚で用いられていることに気付き、古典の言葉と現代の言葉とのつながりを理解する。<br>1「待つ」の表現について気付いたことを挙げる。<br>2 長い一文を整った表現に改める。<br>5 整った表現に改めると、語りの臨場感が失われることを理解する。<br>6「土佐日記」と「待つ」の表現の工夫の共通点を理解する。 | ◆グループで考えさせる。<br>◆長い一文、過剰な読点、敬体と常体の混同などを挙げさせる。<br>◆あえて整わない表現をすることで臨場感を出すという表現の仕方が、「土佐日記」と同じであることに気付かせる。<br>◇古典と現代の言葉に同じ運用感覚で用いられている表現があることに気付き、古典の言葉と現代の言葉がつながっていることを理解している。（読・ワークシート、観察） |

## （5）授業改善のポイント

### 1．古典の世界と現代語の世界の接点に気付かせる

　「言語文化」では、我が国の言語文化が上代から近現代まで継承されていることへの理解を深めることに重点が置かれていることを踏まえると、古典を学習する際にも現代の言葉との相違点より共通点に着眼させる方が効果的である。従来の古典の学習においては、現代語との相違点に注目することが多く行われてきた。それは重要なことではあるが、現代語との違いばかりを強調すると、

古典は学習者からどんどん遠く離れた世界となってしまう。

　そこで、本単元では、「春はあけぼの」が現代の語法と共通していることに気付かせ、1000年前の日本語と現代の日本語がつながっていることを実感させている。こうすることで、古典の言葉が学習者にとって身近なものと感じられるようになることが期待される。「春はあけぼの」は「春はあけぼのがよい」もしくは「春といったらあけぼのだ」などのように現代語訳がされることが多い。だが、現代語においても「ガムはロッテ」「ビールはサッポロ」などといった言い方がある。そして、これらを「ガムはロッテがよい」「ビールといったらサッポロだ」などと言い換えてしまうと、もともとの表現がもっている宣伝としてのインパクトがかなり弱まってしまう。「春はあけぼの」にも同様のことが言えるだろう。「春はあけぼの」という言い切りの形になっているからこそ、そのインパクトが読み手に伝わるのである。そのことを読み取らなければ、「春はあけぼの」という一文を味わったことにはならないし、清少納言の表現意図を捉えることもできない。古典の言葉と現代の言葉がつながっているからこそ、このような理解が可能となることを学習者にも理解させたい。

## 2．言語文化の継承に着眼した単元づくり

　「土佐日記」の「ある人、県の四年五年はてて、例の事どもみなし終へて、解由など取りて、住む館より出でて、船に乗るべき所へ渡る」の部分は、「〜て、〜て、〜て、〜て」と「〜て」が４回も連続している。このような冗長な表現が拙いものであることは、現代語の感覚でも容易に理解できることであろう。「春はあけぼの」の学習において、古典の言葉と現代の言葉がつながっていることを実感した学習者にとってはなおさらのことである。

　古今和歌集の仮名序を記すほどの名文家である紀貫之が、不用意に「〜て」を４回も続けることは常識的に考えられない。この部分は意図的に「〜て」が続けられたと考える方が自然であろう。門出は12月21日の夜である。年末の最も慌ただしい時期の、しかも夜に門出をするということからは、できる限り早く京に戻りたいという切実な思いを読み取ることができる。「〜て」の連続は、引き継ぎのために必要な手続きを急いで済ませ、とにかく一刻も早く船に乗ろうとする心情を臨場感をもって表現しているのである[注]。

　「待つ」は女性独白体で描かれる小品であるが、女性の語り口調で書かれて

いるために、長い一文、過剰な読点、敬体と常体の混同などを指摘することができる。例えば「上り下りの電車がホームに到着するごとに、たくさんの人が電車の戸口から吐き出され、どやどや改札口にやって来て、一様に怒っているような顔をして、パスを出したり、切符を手渡したり、それから、そそくさと脇目も振らずに歩いて、私の座っているベンチの前を通り駅前の広場に出て、そうして思い思いの方向に散って行く」などが冗長な文であることは学習者も容易に理解できるだろう。そこで、この文をいくつかの文に分けて、整った表現に改めさせてみる。ここで大切なことは整った表現に改められるかどうかではなく、整った表現に改めれば改めるほど、もとの作品がもつ臨場感が失われていくことに気付かせることである。このことによって、学習者に「待つ」の臨場感があえて整った表現をしないことから醸し出されていることを理解させたい。

「土佐日記」と「待つ」の表現の効果について理解できれば、双方ともあえて整った表現をしないことで、人物の心情を臨場感をもって読み手に伝えているという共通点があることに気付かせることは容易であろう。1000年以上の時を経て、表現の工夫が同じ原理によってなされていることを知ることで、古典の文章を読む際にも現代語と同じ感覚で読んでよい箇所があることに気付き、古典に対する親しみを抱く契機となることが期待できる。

(注)「土佐日記」の表現効果については、小松英雄著『古典再入門『土左日記』を入りぐちにして』(笠間書院、2006) を参考とした。

## ❹ 年間指導計画の立て方

「言語文化」のねらいと特性を的確に理解した上で、各校で年間指導計画を立案する必要がある。これまでは、「何を読ませるか」という教材を指標とした単元に基づく指導計画が多く見られたが、今回の学習指導要領の改訂では、育成すべき資質・能力を指標とした単元に基づいて指導計画を立案することが求められている。その点から、学習指導要領の指導事項や言語活動例を明確に意識した年間指導計画を作成するようにしたい。

# ■年間指導計画の例

「言語文化」年間総時間数標準70

| 領域 | 書くこと | 読むこと |
|---|---|---|
| 時間数 | 5〜10 | 近代以降の文章：20程度<br>古典に関する指導：40〜45 |

## 一学期（25時間）

| 単元名 | 重点とする指導事項 | 言語活動例 | 主な学習活動と教材 | 〔知識及び技能〕との関連 |
|---|---|---|---|---|
| テーマを決めて読み比べよう〔読むこと〕5時間 | ア 文章の種類を踏まえて、内容や構成、展開などについて叙述を基に的確に捉えること。 | ア 我が国の伝統や文化について書かれた解説や評論、随筆などを読み、我が国の言語文化について論述したり発表したりする活動。 | ・特定のテーマについて述べている近代以降の文学、評論、随筆を複数読み比べる。<br>・グループでそれぞれの作品の相違点、共通点を整理する。<br>・グループでの活動を踏まえ言語文化について論述したり、発表したりする。 | (1) エ 文章の意味は、文脈中で形成されることを理解すること。 |
| 古典に取材した近現代の小説を解釈しよう〔読むこと〕6時間 | ウ 文章の構成や展開、表現の仕方、表現の特色について評価すること。 | ウ 異なる時代に成立した随筆や小説、物語などを読み比べ、それらを比較して論じたり批評したりする活動。 | ・「羅生門」と「今昔物語集」のように古典に取材した近現代の小説を取り上げる。<br>・もとになった古典と近現代の小説のそれぞれに描かれているものの見方、感じ方、考え方の違いについて、グループごとに論じ合う。<br>・その違いを手がかりに近現代の小説の解釈を深める。 | (1) ウ 我が国の言語文化に特徴的な語句の量を増し、それらの文化的背景について理解を深め、文章の中で使うことを通して、語感を磨き語彙を豊かにすること。 |
| 中間考査 | | | | |
| 和歌に詠まれる○○を読む〔読むこと〕4時間 | イ 作品や文章に表れているものの見方、感じ方、考え方を捉え、内容を解釈すること。 | イ 作品の内容や形式について、批評したり討論したりする活動。 | ・「恋」「桜」「紅葉」などのテーマを決め、同じテーマを詠んだ和歌群を作る。<br>・グループごとに和歌群を担当し、それぞれの和歌に詠まれている内容の相違点や共通点を整理する。<br>・グループごとに整理したことを発表し、それぞれのテーマについての見方、感じ方、考え方について分かったことを共有する。 | (1) オ 本歌取りや見立てなどの我が国の言語文化に特徴的な表現の技法とその効果について理解すること。<br>(2) ウ 古典の世界に親しむために、古典を読むために必要な文語のきまりや訓読の決まり、古典特有の表現などについて理解すること。 |

065

| | | | | |
|---|---|---|---|---|
| 漢文に親しむ〔読むこと〕4時間 | ア 文章の種類を踏まえて、内容や構成、展開などについて叙述を基に的確に捉えること。 | イ 作品の内容や形式について、批評したり討論したりする活動。 | ・「読書・登山・未来」などの漢語、「論語」の一節や故事成語の基となった故事などを取り上げる。<br>・訓読のきまりについて確認する。<br>・書き下し文の内容を理解する。<br>・もとの文と書き下し文を語順の違いなどに着目しながら比較し、漢文訓読についての理解を深める。 | (2) ウ 古典の世界に親しむために、古典を読むために必要な文語のきまりや訓読の決まり、古典特有の表現などについて理解すること。 |
| 言語文化についての発見を書こう〔書くこと〕6時間 | ア 自分の知識や体験の中から適切な題材を決め、集めた材料のよさや味わいを吟味して、表現したいことを明確にすること。 | オ 古典から受け継がれてきた詩歌や芸能の題材、内容、表現の技法などについて調べ、その成果を発表したり文章にまとめたりする活動。 | ・一学期に学習した内容を基に、我が国の言語文化に関わる事柄の中から自分が興味をもったことを題材に選ぶ。<br>・グループで自分はなぜその題材を選んだのかを他のメンバーに説明する。<br>・説明を受けたメンバーは、その題材の魅力について意見を述べる。<br>・互いの交流を通して、自分が選んだ題材の魅力を掘り下げる。<br>・自分の書きたいことを明確にして書く。 | (1) イ 常用漢字の読みに慣れ、主な常用漢字を書き、文や文章の中で使うこと。<br>(1) エ 文章の意味は、文脈の中で形成されることを理解すること。 |
| 期末考査 | | | | |

# ❺ 「言語文化」の教科書はどうあるべきか

　これまで繰り返し指摘してきたように、「言語文化」は我が国の言語文化に対する理解を深めることをねらいとしている。したがって、「言語文化」の教科書も、言語文化に対する理解を深める学習に資するものとなっていなければならない。

　「言語文化」の科目の目標や指導事項、言語活動例に鑑みれば、言語文化に関するテーマを設け、テーマに関する複数の教材を準備し、それらを読み比べる活動を取り入れた学習指導や、学習者が言語文化に興味をもてるよう、様々なことを調べる活動を取り入れた学習指導などを行うことが必要となるだろう。従来の教科書のように教材の羅列を中心とする編集の仕方では、このような学習指導に対応することは難しいと言わざるを得ない。

　そこで、教材中心の編集から単元中心の編集に改めることが必要となる。従

来の国語科では単元を構想する際にまず「何を読ませるか」という教材の選定から始まっていた。だが、今回の学習指導要領の改訂においては、「何を学ぶか」「どのように学ぶか」を単元構想の柱としなければならない。「何を学ぶか」とは、どのような資質・能力を育成するかということであり、「どのように学ぶか」は言語活動をどのように取り入れるかを検討することである。単元の構想は教材中心ではなく、育成すべき資質・能力を柱に据えて行われなければならないのである。

これまでの教科書もほとんどのものが、いくつかの教材を単元としてひとまとまりにする形を取っている。しかしながら、その単元でどのような資質・能力を育成するのかを明確にしているものはほとんどないと言ってよいであろう。単元はあくまでもゆるやかなまとまりとして設定されているのみで、一つ一つの教材ごとに別々の学習を展開することが想定されている。

一方、「言語文化」の教科書は、単元ごとに育成すべき資質・能力が明確にされていることが求められる。単元に含まれる教材を別々に学習するのではなく、比べ読みなどの活動を通して全ての教材を一つの単元の中でまとめて扱えるように編集することが求められるのである。

それぞれの単元に含まれる教材の選定も重要となる。従来のように現代文分野と古典分野に分けて教材を選定したのでは「言語文化」の科目のねらいを達成することは難しい。言語文化に対する理解を深めるためには、現代文、古典という従来の教材選定の着眼から一度離れ、現代文、古典に関わらず単元のテーマに関連するものを教材として選定することが必要となる。このことは、我が国の言語文化を上代から近現代まで継承されているものとして捉える姿勢を育てることにもつながるであろう。

（山下　直）

## 資料

■太宰治「待つ」（全文）

省線のその小さい駅に、私は毎日、人をお迎えにまいります。誰とも、わからぬ人を迎えに。

市場で買い物をして、その帰りには、必ず駅に立ち寄って駅の冷たいベンチに腰を下ろし、買い物籠を膝に乗せ、ぼんやり改札口を見ているのです。上り下りの電

車がホームに到着するごとに、たくさんの人が電車の戸口から吐き出され、どやど
や改札口にやって来て、一様に怒っているような顔をして、パスを出したり、切符
を手渡したり、それから、そそくさと脇目も振らずに歩いて、私の座っているベン
チの前を通り駅前の広場に出て、そうして思い思いの方向に散って行く。私は、ぼ
んやり座っています。誰か、一人、笑って私に声をかける。おお、怖い。ああ、困る。
胸が、どきどきする。考えただけでも、背中に冷水をかけられたように、ぞっとして、
息が詰まる。けれども私は、やっぱり誰かを待っているのです。いったい私は、毎
日ここに座って、誰を待っているのでしょう。どんな人を？　いいえ、私の待って
いるものは、人間でないかもしれない。私は、人間を嫌いです。いいえ、怖いのです。
人と顔を合わせて、お変わりありませんか、寒くなりました、などと言いたくもな
い挨拶を、いいかげんに言っていると、なんだか、自分ほどのうそつきが世界中に
いないような苦しい気持ちになって、死にたくなります。そうしてまた、相手の人も、
むやみに私を警戒して、当たらず障らずのおせじやら、もったいぶったうその感想
などを述べて、私はそれを聞いて、相手の人のけちな用心深さが悲しく、いよいよ
世の中がいやでいやでたまらなくなります。世の中の人というものは、お互い、こ
わばった挨拶をして、用心して、そうしてお互いに疲れて、一生を送るものなので
しょうか。私は、人に会うのが、いやなのです。だから私は、よほどのことでもな
い限り、私のほうからお友達の所へ遊びに行くことなどは致しませんでした。家に
いて、母と二人きりで黙って縫い物をしていると、いちばん楽な気持ちでした。け
れども、いよいよ大戦争が始まって、周囲がひどく緊張してまいりましてからは、私
だけが家で毎日ぼんやりしているのが大変悪いことのような気がしてきて、なんだ
か不安で、ちっとも落ち着かなくなりました。身を粉にして働いて、直接に、お役
に立ちたい気持ちなのです。私は、私の今までの生活に、自信を失ってしまったの
です。

　家に黙って座っていられない思いで、けれども、外に出てみたところで、私には
行く所がどこにもありません。買い物をして、その帰りには、駅に立ち寄って、ぼ
んやり駅の冷たいベンチに腰掛けているのです。どなたか、ひょいと現れたら！　と
いう期待と、ああ、現れたら困る、どうしようという恐怖と、でも現れた時には仕
方がない、その人に私の命を差し上げよう、私の運がその時決まってしまうのだと
いうような、あきらめに似た覚悟と、その他さまざまのけしからぬ空想などが、異
様に絡み合って、胸がいっぱいになり窒息するほど苦しくなります。生きているのか、

死んでいるのか、わからぬような、白昼の夢を見ているような、なんだか頼りない
気持ちになって、眼前の、人の往来のありさまも、望遠鏡を逆にのぞいたみたいに、
小さく遠く思われて、世界がシンとなってしまうのです。ああ、私は一体、何を待
っているのでしょう。ひょっとしたら、私は大変みだらな女なのかもしれない。大
戦争が始まって、なんだか不安で、身を粉にして働いて、お役に立ちたいというの
はうそで、本当は、そんな立派そうな口実を設けて、自身の軽はずみな空想を実現
しようと、何かしら、よい機会をねらっているのかもしれない。ここに、こうして
座って、ぼんやりした顔をしているけれども、胸の中では、不埒な計画がちろちろ
燃えているような気もする。

　一体、私は、誰を待っているのだろう。はっきりした形のものは何もない。ただ、
もやもやしている。けれども、私は待っている。大戦争が始まってからは、毎日、毎
日、お買い物の帰りには駅に立ち寄り、この冷たいベンチに腰を掛けて、待っている。
誰か、一人、笑って私に声をかける。おお、怖い。ああ、困る。私の待っているのは、
あなたでない。それでは一体、私は誰を待っているのだろう。だんなさま。違う。恋
人。違います。お友達。いやだ。お金。まさか。亡霊。おお、いやだ。

　もっと和やかな、ぱっと明るい、すばらしいもの。なんだか、わからない。例えば、
春のようなもの。いや、違う。青葉。五月。麦畑を流れる清水。やっぱり、違う。あ
あ、けれども私は待っているのです。胸を躍らせて待っているのだ。目の前を、ぞ
ろぞろ人が通って行く。あれでもない、これでもない。私は買い物籠を抱えて、細
かく震えながら一心に一心に待っているのだ。私を忘れないでくださいませ。毎日、
毎日、駅へお迎えに行っては、むなしく家へ帰って来る二十の娘を笑わずに、どう
か覚えておいてくださいませ。その小さい駅の名は、わざとお教え申しません。お
教えせずとも、あなたは、いつか私を見かける。

【出典】『太宰治全集6』筑摩書房、1998年
　　　　（現代仮名遣いに改めるとともに、一部の表紀にも改めた箇所がある）

**選択科目**

# 論理国語

## ❶ 本科目の特徴

　「論理国語」は「文学国語」「国語表現」「古典探究」とともに４単位の選択科目として設定された新科目である。

　国語科の選択科目の構成と、「論理国語」の位置付けについて、中央教育審議会の答申（平成28年12月）に次の記述がある。

> 　選択科目においては、共通必履修科目「現代の国語」及び「言語文化」において育成された能力を基盤として、「思考力・判断力・表現力等」の言葉の働きを捉える三つの側面のそれぞれを主として育成する科目として、「論理国語」、「文学国語」、「国語表現」を設定する。

　三つの側面とは、「創造的・論理的思考の側面」「感性・情緒の側面」「他者とのコミュニケーションの側面」（「国語ワーキンググループにおける審議の取りまとめ」［平成28年］における「国語科において育成を目指す資質・能力の整理」による）である。

> 　選択科目「論理国語」は、多様な文章等を多面的・多角的に理解し、創造的に思考して自分の考えを形成し、論理的に表現する能力を育成する科目として、主として「思考力・判断力・表現力等」の創造的・論理的思考の側面の力を育成する。

　つまり「論理国語」は、文章や図表などの様々なテキストを複数の立場や観点から批判的に検討したり吟味したりする能力を養うとともに、検討、吟味の結果を踏まえて新たに構築した自分の考えを、筋道立てて効果的に表現する能力を養う科目として構想されたということになる。

学習指導要領は「論理国語」の目標を次のように示している。この目標に上記の構想がどのように反映され、具体化されているのかを確かめながら、本科目の特徴を考えてみよう。

> 　言葉による見方・考え方を働かせ、言語活動を通して、国語で的確に理解し効果的に表現する資質・能力を次のとおり育成することを目指す。
> (1)　実社会に必要な国語の知識や技能を身に付けるようにする。
> (2)　論理的、批判的に考える力を伸ばすとともに、創造的に考える力を養い、他者との関わりの中で伝え合う力を高め、自分の思いや考えを広げたり深めたりすることができるようにする。
> (3)　言葉がもつ価値への認識を深めるとともに、生涯にわたって読書に親しみ自己を向上させ、我が国の言語文化の担い手としての自覚を深め、言葉を通して他者や社会に関わろうとする態度を養う。

　(1)の「知識や技能」に関しては「実社会に必要な」とその範囲が規定されている。小学校国語が「日常生活に必要な」、中学校国語が「社会生活に必要な」と規定していることを踏まえたものであり、共通必履修科目「現代の国語」、選択科目「国語表現」と共通する。

　ここでの「実社会」とは、社会生活の様々な場面であり、大学などにおける専門的な学習の場面なども視野に入っていると考えてよい。

　例えば、〔知識及び技能〕(1)の語彙に関する指導事項には「イ　論証したり学術的な学習の基礎を学んだりするために必要な語句の量を増し、文章の中で使うことを通して、語感を磨き語彙を豊かにすること」とあり、専門的な学習にもつながるような、論証のための語彙を学ぶことが想定されている。

　同じく、文や文章に関する指導事項には「エ　文章の種類に基づく効果的な段落の構造や論の形式など、文章の構成や展開の仕方について理解を深めること」とあり、例えば論文やレポートのような論証を目的とする文章を取り上げる場合には、段落の内部構造−中心となる一つの文とそれを支える文による構造−などを扱うことになるだろう。

　また、〔知識及び技能〕(2)として情報の扱い方に関する指導事項が置かれているのも「現代の国語」と共通する特徴である。そこに「ウ　推論の仕方について理解を深め使うこと」とあるのは、「現代の国語」の「ウ　推論の仕方を理

解し使うこと」を発展させたものであり、論証の過程において帰納、演繹、アブダクションなどの推論を、目的に応じて適切に使うことを求めている。

このように、語句・語彙、段落の構造、そして論の進め方と、さまざまなレベルで〈論証する〉こと、すなわち、根拠を示しながら結論に至る過程を筋道立てて述べる力の育成が目指されていることになる。

(2)の「思考力、判断力、表現力等」については「批判的に考える力」「創造的に考える力」に言及している点が特徴的である。「批判的に」という文言は、平成29年版中学校学習指導要領の第3学年「C 読むこと」の指導事項に「イ 文章を批判的に読みながら、文章に表れているものの見方や考え方について考えること」のように現れている。中学校の「解説」は当該箇所について次のように述べる。

> 文章を批判的に読むとは、文章に書かれていることをそのまま受け入れるのではなく、文章を対象化して、吟味したり検討したりしながら読むことである。
>
> 説明的な文章では、例えば、文章中で述べられている主張と根拠との関係が適切か、根拠は確かなものであるかどうかなど、述べられている内容の信頼性や客観性を吟味しながら読むことが求められる。(以下略)

また、「創造的に考える」とは、物事の多面的・多角的な吟味を踏まえ、自分の考えを深めたり広げたりして、新たな価値の創出を目指そうとすることと言い換え得る。冒頭に掲げたように「国語ワーキンググループにおける審議の取りまとめ」中の「国語科において育成を目指す資質・能力の整理」において、「思考力・判断力・表現力等」の言葉の働きを捉える三つの側面の一つとして「創造的・論理的思考の側面」が位置付けられている。その具体的な内容は次のとおりである。

> 【創造的・論理的思考の側面】
> ➤情報を多面的・多角的に精査し構造化する力
> ・推論及び既有知識・経験による内容の補足、精緻化
> ・論理(情報と情報の関係性:共通－相違、原因－結果、具体－抽象等)
> 　の吟味・構築

・妥当性、信頼性等の吟味

➤構成・表現形式を評価する力

　「論理国語」はこのような力を育成することで、創造的に考える力を養おうとする科目ということができる。

　内容の〔思考力、判断力、表現力等〕は「A書くこと」と「B読むこと」の二つの領域で構成されている。「内容の取扱い」には「A書くこと」に関する指導については50〜60単位時間程度を、「B読むこと」に関する指導ついては80〜90単位時間程度を配当するものとされ、「A書くこと」に大きな比重が置かれていることが分かる。現行の「国語総合」（４単位）が、書くことを主とする指導に30〜40単位時間程度を配当するものとしていたことに比すれば、「論理国語」がいかに「A書くこと」に重きを置いているかが理解される。その重要な内容の一つに、〈論証する〉こと、すなわち、根拠を示しながら結論に至る過程を筋道立てて述べることが位置付けられていることを強調しておきたい。

　また、教材については、「B読むこと」の教材は「近代以降の論理的な文章及び現代の社会生活に必要とされる実用的な文章」、「必要に応じて、翻訳の文章や古典における論理的な文章など」とされている。「多様な文章等を多面的・多角的に理解」する能力の育成に向けて、様々な素材を活用することが望まれる。従来の現代文教材に見られたような評論、各種の実用的な文章や資料のほか、近代の普通文による啓蒙的な文章、科学者たちの文章、また近世の歌論や古典研究の文章などに可能性を見出そうとする模索もあってよい。

## ❷ 育成すべき「資質・能力」

　「論理国語」は、〔思考力、判断力、表現力等〕の「創造的・論理的思考の側面」を中心として資質・能力の育成を目指す科目であり、その内容は「A書くこと」と「B読むこと」の二つの領域で構成されている。

　以下、それぞれの領域から特徴的な指導事項を取り上げ、本科目で育成すべき資質・能力について具体的に考えてみる。


## ○「書くこと」

　題材の設定、情報の収集、内容の検討に関して、次の事項がある。

> ア　実社会や学術的な学習の基礎に関する事柄について、書き手の立場
> 　　や論点などの様々な観点から情報を収集、整理して、目的や意図に
> 　　応じた適切な題材を決めること。
> イ　情報の妥当性や信頼性を吟味しながら、自分の立場や論点を明確に
> 　　して、主張を支える適切な根拠をそろえること。

　指導事項アは、「現代の国語」の「B　書くこと」の指導事項「ア　目的や意図に応じて、実社会の中から適切な題材を決め、集めた情報の妥当性や信頼性を吟味して、伝えたいことを明確にすること」を受けて、題材の設定の範囲を「学術的な学習の基礎に関する事柄」にまで広げている。

　情報収集の過程では、書き手がある事柄についてどのような立場をとっているか、どのような論点から述べているかなど、様々な観点から文章や資料を収集・整理するように求めている。例えば、ある施策の是非について論じようとするときには、推進派や消極派、反対派など様々な立場の書き手による文章を集めるとか、経済性を論点とするものだけでなく、安全性や公共性を論点とする文章や資料にも目を配るといったことである。

　そして、集めた情報を整理しながら「自分の立場や論点を明確に」していく過程では「情報の妥当性や信頼性を吟味」する力が重要になる。その指導は「現代の国語」から継続して行うことになる。〔知識及び技能〕(2)の「イ　情報を重要度や抽象度などによって階層化して整理する方法について理解を深め使うこと」などと関連付けた指導も考えられよう。

　次に、構成の検討に関する事項を示す。

> ウ　立場の異なる読み手を説得するために、批判的に読まれることを想
> 　　定して、効果的な文章の構成や論理の展開を工夫すること。

　「現代の国語」の「B　書くこと」の指導事項「イ　読み手の理解が得られるよう、論理の展開、情報の分量や重要度などを考えて、文章の構成や展開を工夫すること」を受け、ここでは「立場の異なる読み手を説得」することを想定している。異なる根拠や論拠などによって自分とは立場を異にする読み手に、自分の主張を受け入れてもらうために必要な工夫をする力が求められている。

　情報の収集・整理の過程では個々の資料や文章を「批判的に」吟味・検討す

るわけだが、ここでは自分の書く文章が、立場の異なる読み手に「批判的に」吟味・検討されることを想定することになる。

　例えば、前掲の中学校学習指導要領「解説」には「文章中で述べられている主張と根拠との関係が適切か、根拠は確かなものであるかどうかなど、述べられている内容の信頼性や客観性を吟味しながら読むことが求められる」とあるが、ここでは自分の書く文章について、そうした観点からの吟味・検討に堪えるような構成や論理の展開を考え、工夫する力の育成が求められている。〔知識及び技能〕(2)の「ウ　推論の仕方について理解を深め使うこと」と関連させて、適切な推論の仕方を考えさせるような指導も考えられる。

　考えの形成、記述に関しては次の事項がある。

---

オ　個々の文の表現の仕方や段落の構造を吟味するなど、文章全体の論理の明晰さを確かめ、自分の主張が的確に伝わる文章になるよう工夫すること。

---

　「文章全体の論理の明晰さ」は、段落の構成から語句の選択、個々の語の表記に至るまで、様々なレベルの要素がそれぞれに条件を満たすことで達成されると考えられるが、ここでは「個々の文の表現の仕方」と「段落の構造」の吟味が例として挙げられている。

　論理的な文章において、個々の文が備えるべき条件は、必ず一通りに解釈が定まり、他の解釈を許さないということである。まずはそのことの理解が前提になる。その上で、意図しない解釈はどのような要因で生じるのか、その可能性を排除するためにどのような観点からの検討が必要なのか、主体的に見出していくように促すことが望ましい。

　具体的には、一つ一つの語の選択は的確か、語句の定義は明確で揺るぎないか、主語は明確か、修飾語の位置は適切か、漢字と仮名の交え方は適切で揺れはないか、句読点の打ち方は的確か、前後の文との関係は明確かといった観点からの検討が必要になる。実際の例に拠りながら、意図がより明確に伝わる表現を考えながら書く習慣を身に付けさせたい。

　「段落の構造」について、段落相互の関係を考える学習は、以前より小学校の学習指導要領にも位置付けられてきたところである。ここでは個々の段落の内部構造の吟味に重きを置きたい。段落の内部構造の吟味に関連して、以下の

引用を見てほしい（下線は引用者）。

> （イ）社会的な話題について、…（中略）…対話や説明などを聞いたり読んだりして、情報や考え、気持ちなどを理由や根拠とともに<u>段落を書いて伝える</u>活動。

　外国語の必履修科目「英語コミュニケーションⅠ」の「書くこと」の言語活動である。「段落を書く」とある。これは論理的な文章の作成技法としてのパラグラフ・ライティングの指導を念頭に置いた表現である。

　「段落を書く」ためには「段落」とは何か－「段落」とはどのような構造をもつものか、どのような条件を満たしたときそれは「段落」か－が明確でなければならない。そして「論理国語」を履修する生徒は、全員がすでにそれを学んでいる。

　パラグラフ・ライティングは外国語に固有の技法ではなく、論理的な文章の作成技法として一般的なものである。英語のみならず、日本語で論理的な文章を書くこともまた、段落の内部構造を吟味しながら複数の段落を書く作業であることに変わりはない。「論理国語」においてもその技法を取り入れて、段落の内部構造に着目した指導に取り組んでいくことが望まれる。

## ○「読むこと」

　次のイは構造の内容と把握に関する指導事項、ウは精査・解釈に関する指導事項である。

> イ　文章の種類を踏まえて、資料との関係を把握し、内容や構成を的確に捉えること。
>
> ウ　主張を支える根拠や結論を導く論拠を批判的に検討し、文章や資料の妥当性や信頼性を吟味して内容を解釈すること。

　指導事項イの「文章の種類を踏まえる」とは、評論文だけでなく、法令文や図表を含めた解説資料など、それぞれの文章に特有の構成などを捉えることであり、各種の実用的な文章を読むことを想定した記述になっている。

　また、指導事項ウについて、この指導は根拠や論拠を批判的に検討するとはどういうことかを理解するところから始まることになる。論拠は「理由づけ」

のことと考えれば分かりやすいだろう。

　もとより、前掲のように中学校学習指導要領に「イ　文章を批判的に読みながら（以下略）」（第3学年「C　読むこと」イ）とあり、その「解説」には「文章中で述べられている主張と根拠との関係が適切か、根拠は確かなものであるかどうかなど、述べられている内容の信頼性や客観性を吟味しながら読むことが求められる」とあって、根拠の確実性、信頼性、論拠の適切性、妥当性の検討、吟味については中学校の学習内容でもある。

　現行学習指導要領（平成21年告示）においても「現代文B」の「言語活動例」にはこれに関連する内容がある。「解説」の該当箇所（イ）を示す。

---

　　文章の中で述べられている主張が、確実な根拠に基づいた妥当な推論を伴って導かれているかどうかを読み取り、その適否を判断するなど、文章の内容と、論理の構成や展開との相関がいかに文章全体の明晰さに寄与しているかなどを考察することになる。

---

　根拠の確実性、信頼性を確かめ、論拠の適切性、妥当性を検討する作業は、書き手の思考過程を追体験することにほかならない。根拠や論拠を批判的に検討するとはこのような手続きであることを確認したうえで、実際の文章や資料に向かうことが求められる。

　最後に、考えの形成、共有に関する事項として次の1項を挙げておく。

---

　キ　設定した題材に関連する複数の文章や資料を基に、必要な情報を関
　　　係付けて自分の考えを広げたり深めたりすること。

---

　探究的な学習が意識された内容である。領域を問わず、自らが設定する課題について、主体的に探求し、自分の考えを広げたり深めたりする学習が求められている。〔知識及び技能〕(3)の「ア　新たな考えの構築に資する読書の意義と効用について理解を深めること」と関連させた指導が考えられる。

　また、次のような言語活動を通した指導を構想することができるだろう。

---

　エ　同じ事柄について異なる論点をもつ複数の文章を読み比べ、それら
　　　を比較して論じたり批評したりする活動。

---

　まず、ある事柄に関する異なる論点の存在を確認するということは、その事

柄を多角的・多面的に捉えることが可能だという認識に立つことになる。この活動はそこから始まる。その上で、様々な論点をもつ文章や資料を批判的に読み比べ、それらについて論じることで、「情報を多角的・多面的に精査し構造化する力」を育むことが期待されるのである。

# ❸ 単元構想案

> 単元名　根拠をそろえて論じよう（「書くこと」）
> 　　　　日本文化の発信に関する様々な資料や文章を集め、自分の意見を文章にまとめる

## （1）単元の概要

　本単元は、一つのテーマに関する実用的な文章や論理的な文章など、複数のテキストを収集、整理し、自分の考えを形成して論理的に記述する学習過程について指導する。具体的には、次の言語事項と対応している

> エ　多面的・多角的な視点から自分の考えを見直したり、根拠や論拠の吟味を重ねたりして、主張を明確にすること。

　論理的、創造的に考える力を身に付けるためには、ある題材に関する様々なテキストを複数の立場や観点から批判的に検討、吟味し、その結果を踏まえて形成した自分の考えを、筋道立てて効果的に表現する経験を重ねることが何よりも重要である。

　そこで、本単元では、学習者が関心をもった題材について主体的に資料を集め、情報を整理することを通して、様々な視点から自分の意見を見つめ、考えを深めて文章にまとめる学習活動を展開する。

　具体的には、日本文化の発信に関わるいくつかの例について知り、自分が最も関心をもった事例についてさらに情報を集め、その事例の意義や課題、発展の可能性などについて多角的・多面的に考えた結果を、明確な根拠を示しながら文章にまとめさせる。情報と情報の関係についての知識を活用するとともに、根拠や論拠の吟味を重ねながら、考えを形成して記述する力の育成を図りたい。

## （2）指導目標

○情報を重要度や抽象度などによって階層化して整理する方法について理解を深め使うこと。〔知識及び技能〕

○多面的・多角的な視点から自分の考えを見直したり、根拠や論拠の吟味を重ねたりして、主張を明確にすること。〔思考力、判断力、表現力等〕

○多面的・多角的な視点から自分の考えを見直したり、根拠や論拠の吟味を重ねたりして、主張を明確にしようとする。（学びに向かう力、人間性等）

## （3）評価規準

| 知識及び技能 | 思、判、表（書く能力） | 態度 |
|---|---|---|
| 情報を階層化して整理する方法について理解を深め使うことができる。 | 多面的・多角的な視点から自分の考えを見直して、主張を明確に形成している。 | 多面的・多角的な視点から自分の考えを見直して、主張を明確に形成しようとする。 |

## （4）単元の指導計画（全6時間）

| | 主な学習活動 | ◆指導上の留意点　◇評価規準 |
|---|---|---|
| **一次**<br><br>1, 2時 | ○日本文化の発信について複数の例を知り、その意義や課題、可能性などについて考える。<br>1 日本文化としての「食」「芸術」「景観」などの発信について、いくつかの具体例に関する複数の文章や資料を読む。<br>2 それぞれの具体的内容、目的、意義、期待される効果、課題や改善点などについて、ワークシートにまとめる。<br>3 その意義や効果、課題や改善案などについてさらに考えてみたい例を選ぶ。 | ◆最終的に、日本文化の発信の例一つについて意見を文章にまとめることを目指すことを伝える。<br><br>◆グループの作業としてもよい。項目ごとに整理する際には、根拠、論拠も併せて示すよう指示する。<br><br>◆自分が選んだ発信の例について、次回までに関連する資料を探しておくように指示する。<br>◇具体例を観点ごとに整理して、自分が取り組みたい例を選んでいる。【書・記述の点検】 |
| **二次**<br><br>3時<br>（本時） | ○最も関心をもった例について、さらに情報を収集、整理して、その意義や課題などを詳細に考える。<br>1 集めた情報を観点ごとに整理しながら、自分が選んだ発信の例の詳細をまとめる。<br>2 その発信の例の意義や、期待される効果、課題や改善点について考える。<br>3 根拠、論拠をはっきりさせながら自分の考えをアウトラインに書く。 | ◆自分の意見を文章にまとめるための作業となることを確認させる。<br>◆情報は重要度や抽象度（具体性）などによって階層化して整理するように指示する。<br>◆根拠、論拠が十分でない場合はさらに資料を収集しておくように指示する。<br>◇情報を重要度や抽象度などによって階層的に整理し、活用している。【知・記述の点検】<br>◇根拠、論拠に基づきながら自分の考えをまとめている。【書・記述の点検】 |

| | | | |
|---|---|---|---|
| **三次**<br>4時 | ○改善の方向、提案や、その意義などについての意見をまとめる。<br>1 アウトラインに基づいてグループ内で意見の概要を発表し、それについて相互に検討する。<br>2 自分の意見を見直し、全体の構成を考えて、アウトラインを仕上げる。 | ◆多角的、多面的に考えることを意識するよう指示する。<br>◆根拠、論拠の的確さ、適切さ、構成の適切さについて相互に確認し、意見を述べ合うよう指示する。<br>◇根拠、論拠を明確にしながら、多角的に多面的に自分の考えを深めている。【書・記述の点検】 |
| **四次**<br>5、6時 | ○意見を文章にまとめ、互いの文章を読む。<br>1 アウトラインに沿って意見を文章に書く。<br>2 書き上げた文章を相互に読み、互いの意見の共通点や相違点、また、意見の述べ方について話し合う。 | ◆アウトラインは執筆中も随時見直すように伝える。<br>◆内容とともに、論の展開や表現などに注目するように指示する。<br>◇構成を工夫して意見を書き、他者の意見を聞いてさらに考えを深めている。【書・記述の点検】 |

## （5）授業の実際（3／6時間）

| 学習活動 | 発問／課題指示と学習者の活動 | ◆指導上の留意点　◇評価規準 |
|---|---|---|
| 1　本時の目標を確認する | ○各自が最も関心をもった例について、集めてきた情報を整理して、その意義や課題、期待される効果、改善の方向性などを詳細に考えてみよう。 | ◆文章を書くためのアウトラインをまとめるという本時の目標を確認する。 |
| 2　ワークシートを完成させる | ○まず、前回までに作成したワークシートを見直してみよう。整理した観点を確認し、集めてきた資料から必要な情報を見出して、シートに位置付けてみよう。 | ◆情報と情報の関係付け方に注意を促す。階層化の考え方について確認しつつ作業を進めさせる。<br>◇階層化による情報の整理の仕方を理解し、実践している。【知・記述の点検】 |
| 3　取り上げた例について、自分の考えをまとめる | ○シートを見ながら自分の取り上げた例の意義や課題などについて整理してみよう。<br>○取り上げた例の詳細が明らかになったら、それについて最も主張したいことを書きだしてみよう。 | ◆意義、課題等のそれぞれの項目が、的確な根拠と適切な論拠によって支えられているか、確認を促す。<br>◇根拠と論拠を検討しながら自分の意見や考えをまとめている。【書・記述の点検】 |
| 4　考えたことを文章にするためのアウトラインを作成する | ○意見を文章にするための構成と内容を考えて、アウトラインをつくってみよう。自分の意見が効果的に伝わるように構成と内容を工夫しよう。 | ◆アウトラインをつくりながら、根拠が不十分なところ、論拠があいまいに感じられるところがないか、さらに検討を促す。<br>◆時間が不足した場合は自宅学習とする。 |

## （6）授業改善のポイント

① 複数の例を同じ観点から比較検討し、それぞれの課題や意義を明確にする

　同じ観点から比べるのは、ある例に指摘できることが別の例にも指摘できるか、また、ある例の特徴として指摘できることは何かなどを明確にするためである。そのことをはっきりと意識させながら、個々の例に関心を深めることで、

自分が取り上げる例の決定へと導きたい。最終的に一つの例についての意見を
まとめるための作業であることを常に意識させることが大切である。

② 作業を互いに点検することの意義を意識させる

　自分の論の進め方を見直すにあたって、他者の批判的な読みを利用すること
がいかに有効かに気付かせたい。相互に論の進め方を点検することは、相手の
みならず自分の書く力の向上に直結する。そのためにも相互の点検を確実に進
める必要がある。誠実に点検するよう促すことはもちろん、その結果をどのよ
うに伝えれば相手が受け入れやすいのかを考えさせることも大切である。

③ 他者の指摘がもつ意味をしっかりと考えさせる

　他者の指摘が、自分の意見、論の進め方や表現のどのような点をどのように
評価しているのかを十分に吟味し、その指摘を自分の考えや文章にどのように
反映させるべきかをしっかりと検討させたい。指摘を文章に反映させ、修正を
加えたものを再点検してもらう作業を反復することも有効である。

　他者の指摘こそが自分の考えを深める重要なきっかけであり材料であること
を理解させ、その指摘に耳を傾けることの大切さに気付くよう導きたい。

## ❹ 年間指導計画の立て方

　以上に述べたように「論理国語」は論理的・批判的な思考・表現力の育成を
ねらいとし、「書くこと」を重視する科目である。この特性を踏まえて、各校
で年間指導計画を立案する必要がある。従来、教科書や教材を所与の前提とし
た指導計画も少なからず見られたが、資質・能力を基盤とした今回の改訂の意
図を生かすために、年間指導計画の在り方も見直される必要があろう。学習指
導要領の指導事項や言語活動例を確実に反映させて、年間指導計画を立案する
ようにしたい。

### ■年間指導計画の例

「論理国語」年間総時間数標準：140

| 領域 | 書くこと | 読むこと |
|------|----------|----------|
| 時間数 | 50-60 | 80-90 |

## 一学期（48時間）

| 単元名〔領域〕 | 重点とする指導事項 | 言語活動例 | 主な学習活動と教材 | 〔知識及び技能〕との関連 |
|---|---|---|---|---|
| 論点を明確に―評論の要旨をまとめて批評しよう―〔読むこと〕7時間 | ア　文章の種類を踏まえて、内容や構成、論理の展開などを的確に捉え、論点を明確にしながら要旨を把握すること。 | ア　論理的な文章や実用的な文章を読み、その内容や形式について、批評したり討論したりする活動。 | ・同じテーマの評論、論説文、学術論文など異なる種類の文章を集めて読む。<br>・集めた文章のそれぞれについて、論点を的確に整理しながら要旨をまとめる。<br>・まとめた要旨を基に、文章の内容や形式について批評する。 | (2)　ア　主張とその前提や反証など情報と情報との関係について理解を深めること。 |
| 集めた資料を様々な観点から整理する―報告文を書くために―〔書くこと〕6時間 | ア　実社会や学術的な学習の基礎に関する事柄について、書き手の立場や論点などの様々な観点から情報を収集、整理して、目的や意図に応じた適切な題材を決めること。 | ア　特定の資料について、様々な観点から概要などをまとめる活動。 | ・実社会における話題を取り上げ、新聞、雑誌、書籍等から関連の情報を収集する。<br>・一つの資料について、いくつかの観点を定めて概要をまとめる。複数の資料についてこの作業を繰り返す。<br>・資料の概要を読み直し、報告文を書くことを目的として、何をどのような観点から論じるかを決める。 | (1)　イ　論証したり学術的な学習の基礎を学んだりするために必要な語句の量を増し、文章の中で使うことを通して、語感を磨き語彙を豊かにすること。 |
| 図表を生かして考えたことを述べよう〔読むこと〕7時間 | イ　文章の種類を踏まえて、資料との関係を把握し、内容や構成を的確に捉えること。 | イ　社会的な話題について書かれた論説文やその関連資料を読み、それらの内容を基に、自分の考えを論述したり討論したりする活動。 | ・複数の図表が含まれた論説文などを取り上げ、図表が果たしている役割を明らかにしながら内容を把握する。<br>・関連する資料を探して、同じように図表の役割を明らかにしながら読む。<br>・それらの内容を基に考えたことを、図表を引用しながら論述する。 | (1)　ア　言葉には、言葉そのものを認識したり説明したりすることを可能にする働きがあることを理解すること。<br>(1)　ウ　文や文章の効果的な組立て方や接続の仕方について理解を深めること。 |
| 中 間 考 査 ||||| 
| 比べて読もう―評論を批判的に読む―〔読むこと〕7時間 | ウ　主張を支える根拠や結論を導く論拠を批判的に検討し、文章や資料の妥当性や信頼性を吟味して内容を解釈すること。 | エ　同じ事柄について異なる論点をもつ複数の文章を読み比べ、それらを比較して論じたり批評したりする活動。 | ・あるテーマについて異なる論点をもつ複数の評論を集める。<br>・集めた文章のそれぞれについて、根拠や論拠、構成や展開について批判的に読む。<br>・文章を引用しながら批評文を書き、共有、討議する。 | (1)　エ　文章の種類に基づく効果的な段落の構造や論の形式など、文章の構成や展開の仕方について理解を深めること。 |

| 意見文を書こう－仮説を立てて検証する－〔書くこと〕8時間 | ウ　立場の異なる読み手を説得するために、批判的に読まれることを想定して、効果的な文章の構成や論理の展開を工夫すること。 | イ　設定した題材について、分析した内容を報告文などにまとめたり、仮説を立てて考察した内容を意見文などにまとめたりする活動。 | ・設定した題材に関する情報を収集し、階層化して整理、分析しながら仮説を立てる。<br>・仮説の検証に必要な情報を考え、さらに情報の整理と分析を繰り返す。<br>・多面的・多角的に根拠や論拠を吟味、検討し、自分の考えをまとめる。<br>・他者の批判を想定し、構成や展開を工夫して文章に書く。 | (2) イ　情報を重要度や抽象度などによって階層化して整理する方法について理解を深め使うこと。<br>(2) ウ　推論の仕方について理解を深め使うこと。 |
|---|---|---|---|---|
| 文章の背景に迫ろう－様々な資料から書き手の立場や目的を推測する－〔読むこと〕7時間 | オ　関連する文章や資料を基に、書き手の立場や目的を考えながら、内容の解釈を深めること。 | オ　関心をもった事柄について様々な資料を調べ、その成果を発表したり報告書や短い論文などにまとめたりする活動。 | ・芸術や科学、スポーツに関する文章を読み、関心をもった事柄について関連する文章や資料を収集する。<br>・関連する文章や資料との比較を通して、書き手の立場や目的、文章が書かれた背景を推測し、成果をまとめて発表する。<br>・推測の妥当性について話し合う。 | (3) ア　新たな考えの構築に資する読書の意義と効用について理解を深めること。 |
| 根拠をそろえて論じよう－日本文化を発信する－〔書くこと〕6時間 | エ　多面的・多角的な視点から自分の考えを見直したり、根拠や論拠の吟味を重ねたりして、主張を明確にすること。 | エ　設定した題材について多様な資料を集め、調べたことを整理して、様々な観点から自分の意見や考えを論述する活動。 | ・日本文化の発信について書かれた複数の文章を読む。<br>・関心をもった例について情報を集め、その意義や課題について考える。<br>・改善の方向、提案やその意義について意見をまとめる。<br>・意見を文章にまとめ、相互に読み合う。 | (2) イ　情報を重要度や抽象度などによって階層化して整理する方法について理解を深め使うこと。 |
| 期　末　考　査 | | | | |

（島田康行）

**選択科目**

# 文学国語

## ❶ 本科目の特徴

「文学国語」は、共通必履修科目の履修の上で、「論理国語」「国語表現」「古典探究」とともに選択科目として設定された新科目である。科目の目標は次のとおりである。

> 言葉による見方・考え方を働かせ、言語活動を通して、国語で的確に理解し効果的に表現する資質・能力を次のとおり育成することを目指す。
>
> (1) 生涯にわたる社会生活に必要な国語の知識や技能を身に付けるとともに、我が国の言語文化に対する理解を深めることができるようにする。
>
> (2) 深く共感したり豊かに想像したりする力を伸ばすとともに、創造的に考える力を養い、他者との関わりの中で伝え合う力を高め、自分の思いや考えを広げたり深めたりすることができるようにする。
>
> (3) 言葉がもつ価値への認識を深めるとともに、生涯にわたって読書に親しみ自己を向上させ、我が国の言語文化の担い手としての自覚を深め、言葉を通して他者や社会に関わろうとする態度を養う。

他の教科科目と同様、(1)は「知識及び技能」、(2)は「思考力、判断力、表現力等」、(3)は「学びに向かう力、人間性等」に関する目標という構造である。この(1)～(3)の目標は、この三観点を相互に関連させながら、また、共通必履修科目「現代の国語」と「言語文化」を踏まえた発展的な学習の中で求められる資質・能力である。

「知識及び技能」に関する(1)について、「生涯にわたる社会生活に必要な国語の知識や技能」の習得や、「我が国の言語文化に対する理解」に、特に科目

「言語文化」からの継続性を見ることができる。生涯にわたる社会生活という、個の人生に必要な国語の知識・技能と、日本固有の言語文化に対する理解が目指されている。国語科教育の内容知とも言える言語文化に関して、その深い理解が目標とされているのである。「古典探究」ではさらに「伝統的な」という、過去からの時間が含まれた古典ならではの言語文化に関する目標になる。「現代の国語」における「実社会に必要な国語の知識や技能」に関する目標が、「論理国語」と「国語表現」に引き継がれていることと対をなしている。

○「言語文化」：「文学国語」「古典探究」
　「生涯にわたる社会生活に必要な国語の知識や技能」とともに「我が国の（伝統的な）言語文化に対する理解」
○「現代の国語」：「論理国語」「国語表現」
　「実社会に必要な国語の知識や技能」

「思考力、判断力、表現力等」に関する(2)については、「深く共感したり豊かに想像したりする力」を伸ばすことに特化して目標としている。「言語文化」を含む、他の５科目全てにおいては「論理的に考える力」に続いて記されている中で、「文学国語」においてはこの論理的思考に関する力は挙げられていない。他者に思いを寄せたり想像力を働かせたりといった、感性・情緒の側面に関する力を育むことに焦点化されている。文学の、一つの虚構世界にある多様な人間の多様な姿を形象する、多義性を含む言語による芸術表現という特質を捉え、深く思いを寄せることや豊かな想像力が育成すべき資質・能力の目標とされているのである。

　このことは、特に「知識及び技能」における「言葉の特徴や使い方に関する」事項の以下の内容から確認できる。

---

ア　言葉には、想像や心情を豊かにする働きがあることを理解すること。
イ　情景の豊かさや心情の機微を表す語句の量を増し、文章の中で使うことを通して、語感を磨き語彙を豊かにすること。

---

　言葉における「想像や心情を豊かにする働き」や「情景の豊かさや心情の機微を表す語句」に注目したい。言葉の、情緒的側面における特徴を意識させる

ものであり、論理的思考や他者とのコミュニケーションという認知的側面における特徴と対をなす。他者との関係性における言葉の力、実社会で言葉を有効に運用する力に対して、一人の人間の自由で個性的な内面を醸成する言葉の力と深く関わるものであろう。小説、随筆、詩歌、脚本などの文学作品を対象に、感性や情緒に関する力を育成することを目指しているのである。

　「学びに向かう力、人間性等」に関する(3)については、他の科目同様、資質・能力の要素の一つとして育成すべきものとされている。社会や世界と関わりながらよりよい人生を追究するという態度・情意に関するこの要素は、「文学国語」の感性や情緒的な側面との関連において育成が目指される。

　なお、今回の「文学国語」が、文学作品に「描かれた人物の心情や情景、表現の仕方等を読み味わい評価するとともに、それらの創作に関わる能力を育成する科目」（平成28年12月、中教審答申）とされていることを挙げておく。言語文化への理解を含みながら、教材の読み取りを中心にするのではなく、「読み味わ」う力、作品を「評価」する力、「創作」に関わる力の育成が求められている。今回の改訂において、コンテンツ・ベースからコンピテンシー・ベースへの転換が求められているように、教材の精読による理解に止まらない、文学作品を材料とした資質・能力の育成が求められているのである。具体的には、小説や詩歌の創作、古典に材を取った翻案作品の創作、グループでの共同作品の制作、書評の論述、脚本や絵本へ書き換え、演劇や映画とその基の作品との比較、テーマに即したアンソロジーの作成などの、文学作品の評価や創作に関わる多彩な言語活動の例が挙げられている。言葉の芸術である文学について、一語一文を丁寧にたどり、語り手の視点や表現の意図を考え、じっくり読み味わうといった作品との対話は大切にしたい。しかし、文学作品の理解や享受ばかりではなく、文学の言葉や教室の他者に向かい合いながら、学習者自身の言語活動により、作品を評価する力、作品の創作に関する力を身に付けさせることも目標にしたい。

　実社会・実生活という現実を超えたイメージを生み出し、未来を創出する可能性を、文学作品を読み味わい、批評し創作する言語活動を通して追究することができるのではないだろうか。

## ❷ 育成すべき「資質・能力」

　「文学国語」において育成すべき資質・能力も、他の科目同様、学習者自身の言語活動によって獲得することになる。従来の多くの授業のように、文学作品の研究成果などを体系的に教授されることによる、読解力や文学的知識などの習得を目指すのではなく、学習者自身の書くことと読むことの言語活動を通して、言語文化に対する理解や共感・想像する力、創造的思考力などを身に付けることが目指される。文学作品を読み耽り、言葉にできない感動をもつ体験は大切である。が、さらに高等学校国語科の授業ではその先にどのような力を身に付けさせることができるのか考えたい。読み味わう力とともに作品を評価したり、自ら創作したりする力を育成し、学習者が生涯にわたって文学を楽しむことができる学習を目指したい。

　以下、「書くこと」「読むこと」の領域ごとに一例ずつ指導事項を取り上げていく。


○ 「書くこと」

> ウ　文体の特徴や修辞の働きなどを考慮して、読み手を引き付ける独創的な文章になるよう工夫すること。

　この指導事項は、共通必履修科目「言語文化」の「書くこと」(1)イ「自分の体験や思いが効果的に伝わるよう、文章の種類、構成、展開や、文体、描写、語句などの表現の仕方を工夫すること」を発展させる、記述に関する指導事項である。「言語文化」における、効果的に伝わるよう工夫することの上に「文学国語」では、更に「読み手を引き付ける独創的な文章」になるよう工夫することになる。読み手を想像し、文体や修辞に関係するどのような内容や表現が独創的な作品として魅力を生じるのか、読み手を意識したオリジナリティを考えさせるところに指導のねらいがある。独創性を追求するだけでは、難解なともすると独りよがりな作品になりかねないが、読み手という相手意識をもつことで意図的な工夫ができるはずである。また、この独創的という観点は、文学ならではのものの見方である。言語による芸術作品という面をもつ文学において、自己を見つめ自分をいかに表現できるのか、借り物ではない、独自の創意

087

工夫をこらした文章を創作することを目指させたい。

　これは、〔知識及び技能〕の「エ　文学的な文章における文体の特徴や修辞などの表現の技法について、体系的に理解し使うこと」と関連させて指導することになる。文学的な文章を読み、人物や情景・できごとを読み取るだけではなく、書かれたテクストの個性的な特徴を捉え、比喩、反復、倒置、省略、対句などの修辞技法を理解することを通して、自身の表現に生かすということである。独創性は、アイディアや内容に関するものとは限らない。どのような文体や表現技法を取り入れて文章を書くのか、というところにもオリジナリティは表れる。自己の内面にある世界を描き出す、文体や修辞に注目した、表現する言葉の豊かさを求めるところがこの指導のポイントである。

　さらに、この指導事項は言語活動例の「イ　登場人物の心情や情景の描写を、文体や表現の技法等に注意して書き換え、その際に工夫したことなどを話し合ったり、文章にまとめたりする活動」を活用して展開することが考えられる。例えば、語る視点を変えて書き換えを行う際、語り手の特徴を、簡潔さ、丁寧さ、断定的、婉曲的などの文体に生かしたり、語や句を繰り返しながら重要性を増していく漸層法などの表現技法を取り入れたりし、その工夫を意識する。さらに話し合いや振り返りを通して交流することで、他者の工夫を学び合う場とすることができるであろう。


○　「読むこと」

> エ　文章の構成や展開、表現の仕方を踏まえ、解釈の多様性について考察すること。

　この指導事項は、共通必履修科目「言語文化」の「読むこと」(1)ウ「文章の構成や展開、表現の仕方、表現の特色について評価すること」を発展させる、解釈に関する指導事項である。「言語文化」における、評価することを発展させ、「文学国語」では更に「解釈の多様性」について考察することになる。まず、文章の構成や展開、表現の仕方を踏まえることが大切である。作品の構造を考えながら文章の構成を分析し、細部の表現・語句についてその意味内容を捉える。恣意的な様々な解釈をあれもこれもよい、と容認するのではなく、解釈の根拠となる、テクストの言葉をたどり、その一つ一つと向き合うことが求めら

れる。作品全体の筋、情景、人物の心情の変化や行動、できごとといったスト
ーリーを捉え、なぜそのような構造で語られているのか、というプロットや、
そうした表現をする意図・語り手の立場や思想などを考えながら、解釈の根拠
とするのである。そうしたテクストのどこに注目するのかによって読み手の解
釈はそれぞれ異なるであろうし、また、初読の読みと再読、他者の読みとの交
流後でも異なるであろう。これまで、作家論や作品論の成果に学び、学習者に
一つの主題を教える指導もなされてきた。が、一つの作品に対して一つの正し
い主題は存在するのだろうか。その主題に至る解釈は、時代や社会状況、個の
読み手によって異なるものであろう。文章の言葉を踏まえた、個々の読みを交
流することにより解釈の多様性に気付き、考察することを目指したい。

　これは、〔知識及び技能〕における言葉の特徴「ア　言葉には、想像や心情
を豊かにする働きがあることを理解すること」と関連させて指導することがで
きる。解釈の根拠には作品の言葉がある。文学作品における言葉は、揺るぎな
い確かな一つの意味内容を示すとは限らない。読み手による、多様なコンテク
ストの中で言葉は受け止められ、様々なイメージを形象することになる。そう
した想像や心情を豊かにする言葉の働きを理解しつつ、解釈の多様性について
考えさせたい。

　また、この指導事項は、言語活動例の「ア　作品の内容や形式について、書
評を書いたり、自分の解釈や見解を基に議論したりする活動」を通して展開す
ることが考えられる。具体的に、文章の構成や展開、表現の仕方を引用しなが
ら、作品の内容や形式について批評したり議論したりするのである。学習者一
人一人がどのようにその作品を捉えたのか、自身の解釈や見解について話し、
聴き合う議論を通して、その共通点や相違点に気付くことになるであろう。学
習者の解釈は、他者との議論の中で作品の言葉に戻りつつ、広がりや深まりに
至る。他者との議論を通して、文学作品のもつ豊かな解釈について考察する力
を身に付けさせたい。

## ❸ 単元構成案

---
単元名　アンソロジーをつくろう（「読むこと」）

　　　　一つのテーマについて詩文を集め、交流する

---

### （1）単元の概要

　本単元では、できるだけ多くの詩文を読み、アンソロジーをつくることを指導する。そこに現れた人間・社会・自然などに対するものの見方・考え方・感じ方や表現を読み取り、自身の考えを形成するとともに、他のアンソロジーを読み交流することを通してさらに考えを深めさせたい。具体的には、次の「読むこと」の指導事項と言語活動例に対応している。

---

〔思考力、判断力、表現力等〕B読むこと

**指導事項**

キ　設定した題材に関連する複数の作品などを基に、自分のものの見方、
　　感じ方、考え方を深めること。

**言語活動例**

オ　テーマを立てて詩文を集め、アンソロジーを作成して発表し合い、互
　　いに批評する活動。

---

　単元全体は、個人の考察→グループでの交流によるテーマ設定→テーマに関連した詩文の収集→グループでのアンソロジー作成→再度の個人の考察→アンソロジーについての相互批評、という流れで進めていく。まずはテーマ設定であるが、自分の興味・関心のありどころを確認しつつ、3〜4名のグループのメンバーと話し合うことで確定していく。一つのテーマに関連した詩文を集めるために、多くの作品を読むことになる。ここで詩文とは、俳句・短歌・詩・小説や随筆の一部分とするが、一つのテーマに関する作者それぞれの視点や捉え方・表現の仕方は多岐に渡る。そうした詩文を収集するために詩文を読み比べるだけでも、自分のものの見方、感じ方、考え方を深めることができるであろう。それを基に、グループ内で交流し協働的にアンソロジーを作成し、さらに発表し合い批評する活動を通して、改めて自分のものの見方、感じ方、考え

方についての考察も深めさせたい。個人の考察、グループでのアンソロジー作成に当たっての考察、最後の教室全体での批評活動を通しての考察と、その範囲を広げながら自身の視点や思考の変容を意識させ、深い考察に至らせたい。

　具体的にはA4サイズ用紙4枚を二つ折りにした、表紙・裏表紙と12ページのミニ・アンソロジーを完成例として示す。

## ページ割の例

　　（表紙）アンソロジーのタイトル

　　（表紙裏）目次

　　P1〜10　詩文（1作品を2ページ以上に掲載しない）

　　P11・12　あとがき（上下二段にし、4名分）

　　（裏表紙裏）奥付

　　（裏表紙）

　例えば、1ページ目に俳句5句、2ページ目に短歌3首、3ページ目に詩1編、4ページ目には俳句と小説の一部分など、A5サイズ各ページの内容やフォント・字体などはグループで考えて作成する。但し、長編の詩や小説・随筆の一部分などを載せる際は、1ページ以内に収める分量とする。


## （2）指導目標

○文学的な文章、詩文を読むことを通して、我が国の言語文化の特質について理解を深める。〔知識及び技能〕

○設定した題材に関連する複数の作品などを基に、自分のものの見方、感じ方、考え方を確かめ、交流を通して深める。〔思考力、判断力、表現力等〕

○設定した題材に関連してできるだけ多くの詩文を集め、それらを基に、自分のものの見方、感じ方、考え方を確かめ、交流を通して深めようとする。〔学びに向かう力、人間性等〕


## （3）評価規準

| 知識及び技能 | 思・判・表（読む能力） | 態度 |
|---|---|---|
| 文学的な文章、詩文を読むことを通して、我が国の言語文化の特質について理解を深めている。 | 設定した題材に関連して複数の詩文を集め、それらを読み、自分のものの見方、感じ方、考え方を確かめ、交流を通して深めている。 | 設定した題材に関連して多くの詩文を集め、それらを基に、自分のものの見方、感じ方、考え方を確かめ、交流を通して深めようとしている。 |

## （4）単元の指導計画（全7時間）

| | 主な学習活動 | ◆指導上の留意点　◇評価規準 |
|---|---|---|
| **一次**<br>1時 | ○グループで詩文を集め、アンソロジーをつくるという学習の見通しを知る。<br>○3、4名でグループを作り、テーマを考える。<br>1　ブレーンストーミングやマッピングを用いたり、教科書や資料集、書籍などを参照し、テーマの候補を挙げる。<br>2　アンソロジーのテーマを確定する。テーマ確定までの話合いを振り返り、ワークシートに記述する。 | ◆グループごとに詩文のアンソロジーを作成し、最後に他の作品を読み合い、批評することを伝える。<br>◆テーマについて、例えば、モノ・こと・人といった観点や人間・社会・自然といった観点について思い付くことを書き出させる。<br>◆一つに確定できない場合は、仮のテーマを確認し合い、詩文を集めながら作成していくよう勧める。<br>◇テーマ設定に取り組んでいる。（態度・発言、ワークシートの記述） |
| **二次**<br>2〜4時 | ○多くの詩文を集め、アンソロジーに入れる作品を選択する。<br>○アンソロジーの構成を考える。<br>○アンソロジーを作成する。<br>1　教科書、資料集、図書館、インターネットなどを利用し、テーマに沿った詩文を収集する。必要に応じてコピー、プリントアウトする。<br>2　10ページ程度のアンソロジーにするために詩文を選択し、どのような配列にするのか、構成を考え、目次を作成する。詩文の内容を捉えての選択、分類や配列の観点、構成の特徴などをワークシートに整理しながら考える。<br>3　アンソロジーを製本するための留意点を考え、各ページを完成させる。 | ◆一人で、あるいはグループのメンバーと多くの詩文を集めさせる。手に取りながら選択できるように書籍等を準備したり、インターネットを利用させたりする。<br>◆詩文を選択する際、メンバー全員の合意の上で進めることができるよう、十分な話合いをうながす。<br>◆詩文の選択や、分類・順序などの観点を考えることが言語文化の特質を捉えることにつながると気付かせる。<br>◆各ページや表紙のレイアウト、タイトルなどをグループで考えさせ、アンソロジーの原稿を完成させる。<br>◇テーマに即した詩文を集め、全体の構成を考え、アンソロジーを作成している。（読・発言、活動、ワークシートの記述） |
| **三次**<br>5、6時 | ○作成したアンソロジーを読み、あとがきを書く。<br>○印刷し、グループのメンバーの分＋2部を製本する。<br>1　テーマや掲載した詩文の内容・表現、構成などについて考察したことや、アンソロジー作成という学習の振り返りをあとがきとして記述する。<br>2　グループで協力して印刷・製本等の作業を行う。 | ◆グループのメンバーと学び合ってきた内容やその過程について振り返り、それぞれの課題や成果を確認させる。あとがきも含めて完成作品であることを伝える。<br>◆一人一冊のアンソロジーを製本する。<br>◇作品や学習について振り返っている。（読・あとがきの記述）<br>◇印刷・製本等の作業を行っている。（態・行動） |
| **四次**<br>7時 | ○他のグループのアンソロジーを読み合い、互いに批評する。<br>1　テーマ、目次、レイアウト、あとがきなど、様々な観点があるが、特に詩文については必ず触れ、作成したグループのメンバーに感想を伝えたり、質問をしたりする。最後に、各自の批評と単元の振り返りをワークシートにまとめる。 | ◆全グループの表紙を一覧にしたものを基に他のアンソロジーを読ませる。作成したグループのメンバーと話合う時間を取り、その後、批評を整理させる。詩文について必ず触れること、後日、印刷して配付することを伝える。<br>◇他のアンソロジー、掲載された詩文を読み、批評している。（読・ワークシートの記述） |

## （5）授業の実際（4／7時間）

| 学習活動 | 発問／課題指示と学習者の活動 | ◆指導上の留意点　◇評価規準 |
|---|---|---|
| 1　本時の目標を確認する。 | ○A5サイズ10ページのアンソロジーを作成しよう。本時は、集めた詩文について<br>1　詩文の選択<br>2　分類と配列を考えた、目次の作成を目指そう。 | ◆A4サイズ用紙4枚を二つ折りにしたアンソロジーの完成形を示す。 |
| 2　収集した詩文からアンソロジーに載せるものを選択する。 | ○収集した詩文を再度読み、各自が3～4ページ分の作品を推薦しよう。ワークシート（P.97資料参照）に詩歌や文章、作者名、推薦する理由と作品の特徴を記そう。<br>○グループで全員の収集した作品に目を通そう。次に、ワークシートを基に、推薦された作品を読み合い、実際にどれを載せるか話し合って決めよう。 | ◆各自が収集した詩文をじっくり読み、その内容や特徴を整理できるよう、机間指導する。<br>◆アンソロジーに載せる詩文の選択では、メンバーの選んだ作品に偏りのないよう、偏りがあっても合意の上での決定になるよう、十分な話合いを指導する。<br>◇詩文の内容・特徴を捉えて読んでいる。（読・記述内容、行動の観察） |
| 3　選択した作品を再度読み合い、共通点を見いだし、分類する。さらに、どの順序で配列するか話し合う。 | ○選択した作品を10ページに収めるとき、どのような構成にするか、話し合って決めよう。作品の内容や特徴を確認し合い、共通点を見つけて分類し、その順序を考えよう。 | ◆構成を考えるために、再度、作品を読み合わせる。他者と考えを交流しながら読み合うことで、より深く作品を読めるようになることに気付かせる。<br>◇詩文の内容・特徴について話し合っている。（読・発言・観察） |
| 4　目次を作成する。 | ○配列に従って章を立て、章のタイトルを工夫し、目次を作ろう。 | |
| 5　詩文の選択・分類・配列の観点を整理し、本時の学習を振り返る。 | ○ワークシートに「選択した詩文の分類・その観点」「配列の観点」、「本時の振り返り」を整理しよう。 | ◆詩文の選択や、分類・順序などの観点を考えることが言語文化の特質を捉えることにつながると気付かせる。 |

## （6）　授業改善のポイント

### ①　学習活動の見通しと振り返り

　全四次にわたる、詩文収集からアンソロジー相互批評までの活動について見通しをもつこと、各段階においてそれぞれ振り返りを整理することに注意したい。

　第一次においては、グループで一つのテーマを設定することが目標になる。まずは各自の希望するテーマを考えるところからスタートする。何もないところから考えるのではなく、教科書や便覧などの資料集、ブックガイドや類語辞典などから選択できるよう留意したい。その上で3～4名のグループで一つのテーマを決める。このとき、テーマ決定にいたる過程について、初めに考えた

興味・関心のありどころや、一つに合意するまでを振り返り、整理する。

　第二・三次においては、それぞれが集めた詩文をグループで読み合い、選択し、目次を作成することで構成を考え、アンソロジーを作成する。第二次では詩文を集めたり選択したりした観点や構成の特徴についてワークシートに記入することで考察する。第三次では作成したアンソロジーにあとがきを書く活動を設けて、この一連の活動を振り返り、まとめる。

　第四次では、他のグループのアンソロジーを作成者と交流しながら読み合う。テーマ設定や関連した詩文の内容・表現について、作成上の工夫した点を聞いたり読んだ感想や質問を伝えたりし、最後に批評として整理する。

　こうした各段階の活動において考察を記述することで、次への見通しを持ち、活動を振り返ることができる。その振り返りにおいて、学習を通して身に付いた力を意識できるようでありたい。

② 　グループ活動を通しての学び合い

　安心して交流できる場として、3～4名でグループを構成する。第一次から第三次の全ての活動において、一人では考え及ばない広がりや、鋭く深くなっていく考察を実感できるようでありたい。学習の見通しを共有しつつ、互いの考えを聴き合い、対話を通して、豊かな学び合いの場としたい。

③ 　多様な解釈

　テーマに即した詩文の内容・表現について、まずは一人で読む。次にグループのメンバーと読み合う。最後に他のグループのメンバーと詩文を読み合い、批評し合う。多くの詩文を読み合うとき、読み手によって異なる解釈がされたり、同じ詩文でも異なるテーマに関連するものとして解釈されたりすることがある。多様な解釈と出会うことで、より豊かに読めるようになり、新たな気付きを得ることができる。他者との解釈に関する交流の中で、ものの見方・感じ方・考え方が豊かに深くなることを実感させたい。

## ❹ 年間指導計画の立て方

　以上述べてきた「文学国語」のねらいと特性を理解した上で、各校で年間指導計画を立案する必要がある。これまで、教科書や教材を指標にした指導計画が多く見られたが、資質・能力ベースであることが今回の改訂の大きな特徴である。まず重点とする指導事項を挙げる。その目標を達成できるよう、学習者

がどのような活動をするのか、そのための教材をどうするのか、知識や技能はどう関連するのか、という順である。学習指導要領の指導事項や言語活動例を意識して年間指導計画案を作成するようにしたい。以下に、「文学国語」４単位を２年次と３年次の２年間で分割履修する場合の一学期を例示する。

## ■年間指導計画の例

「文学国語」総時間数標準140（70）　　　　　　　（　　　）内は１年間分

| 領域 | 書くこと | 読むこと |
|---|---|---|
| 時間数 | 30～40（15～20） | 100～110（50～55） |

### 一学期（27時間）

| 単元名〔領域〕 | 領域 | 重点とする指導事項 | 言語活動例 | 主な学習活動と教材 | 〔知識及び技能〕との関連 |
|---|---|---|---|---|---|
| 脚本家はいかが〔読むこと〕５時間 | 読むこと | ア　文章の種類を踏まえて、内容や構成、展開、描写の仕方などを的確に捉えること。 | ウ　小説を、脚本や絵本などの他の形式の作品に書き換える活動。 | ・「ナイン」（井上ひさし）を読み、脚本に書き換えるために、各場面の内容を整理する。<br>・小説を脚本にする際に必要な観点について話し合い、クラスで確認する。<br>・グループで全体構成を考え一場面を脚本にする。<br>・小説の人物・情景・心情、その描写をどのように脚本に生かしたのかなどの工夫を確認しておく。<br>・他のグループの脚本を読み合い、それぞれの工夫について交流する。 | (1)ウ　文学的な文章やそれに関する文章の種類や特徴などについて理解を深めること。 |
| 目のつけどころと解釈はそれぞれ〔読むこと〕４時間 | 読むこと | エ　文章の構成や展開、表現の仕方を踏まえ、解釈の多様性について考察すること。 | ア　作品の内容や形式について、書評を書いたり、自分の解釈や見解を基に議論したりする活動。 | ・「レキシントンの幽霊」（村上春樹）を読み、注目したい点を共有する。<br>・小説の構成を整理し、追究したい表現（「別のかたち」「ものごと」「遠さ」など）について考える。<br>・注目したい表現についてグループをつくり、その意味する内容を、根拠となる表現を引用しながら話し合う。<br>・クラスで発表し合い、自分の解釈を整理する。 | (1)ア　言葉には、想像や心情を豊かにする働きがあることを理解すること。 |

| | | | | | |
|---|---|---|---|---|---|
| 文芸評論を執筆してみよう〔読むこと〕5時間 | 読むこと | イ 語り手の視点や場面の設定の仕方、表現の特色について評価することを通して、内容を解釈すること。 | イ 作品の内容や形式に対する評価について、評論や解説を参考にしながら、論述したり討論したりする活動。 | ・「山月記」（中島敦）の初読の印象を交流する。<br>・内容（時間・場・人物・できごと、情景など）を話し合い、確認する。<br>・素材となった「人虎伝」と比較し、その共通点・相違点から語り手の表現・作者の創作意図についてグループで考える。<br>・「山月記」と「人虎伝」との関連が書かれた評論をグループで集め、読み合いながら、「山月記」の主題について話し合う。<br>・各自で「山月記論」をまとめ、読み合う。 | (1)エ 文学的な文章における文体の特徴や修辞などの表現の技法について、体系的に理解し使うこと。 |
| 中間考査 | | | | | |
| 魅力的な短歌の世界へ〔書くこと〕5時間 | 書くこと | エ 文章の構成や展開、表現の仕方などについて、伝えたいことや感じてもらいたいことが伝わるように書かれているかなどを吟味して、文章全体を整えること。 | ア 文学的な文章を書くために、選んだ題材に応じて情報を収集、整理して、表現したいことを明確にすること。 | ・図書館などを利用して、短歌を選ぶ。<br>・グループで、短歌に詠まれている、もの・できごと・心情を整理し、お薦め短歌と鑑賞を発表する。<br>・詠みたい題材について、思い浮かぶ語句や短文をブレーンストーミングの要領でグループごとに共有する。<br>・五七五七七で各自が短歌を創作し、交流を通して推敲する。<br>・最終作品の合評会をする。 | (1)イ 情景の豊かさや心情の機微を表す語句の量を増し、文章の中で使うことを通して、語感を磨き語彙を豊かにすること。 |
| 遺された思いを受け取ろう〔読むこと〕6時間 | 読むこと | カ 作品の内容や解釈を踏まえ、人間、社会、自然などに対するものの見方、感じ方、考え方を深めること。 | エ 演劇や映画の作品と基になった作品とを比較して、批評文や紹介文などをまとめる活動。 | ・「火垂るの墓」（野坂昭如）を読み、内容や構成、表現や文体の特徴などについてグループで話し合う。<br>・映画「火垂るの墓」（高畑勲脚本）を観る。<br>・小説と映画を比較する観点を話し合い、関心のある点を中心にして映画の紹介文を書き、読み合う。<br>・他の、原作のある映画を紹介し合い、夏期休業中に読みたい作品を考える。 | (2)イ 人間、社会、自然などに対するものの見方、感じ方、考え方を豊かにする読書の意義と効用について理解を深めること。 |
| 期末考査 | | | | | |

（高山実佐）

**資料**

個人用ワークシート（4／7時間）例

| 1　推薦する詩文・作者名 | 2　推薦理由・特徴 |
|---|---|
|  |  |
|  |  |
|  |  |
|  |  |
|  |  |
|  |  |

3　選択した作品（全　　　編）分類の観点（どのような基準で分類したのか）



4　配列の観点（何を基準にこの順序にしたのか）



5　本時のふり返り（グループで選択した詩文について、目次案について）

097

選択科目

# 国語表現

## ❶ 本科目の特徴

　平成21年に公示された現行の高等学校学習指導要領の科目の中で、唯一科目名が継続されるのは「国語表現」のみである。そこでまず、これまでの学習指導要領における「国語表現」の特徴を概観することにしたい。

　「国語表現」は、昭和53年告示の学習指導要領において新たに設置された。このときの改訂で重要なことは領域構成の変化であり、それまでの「聞くこと、話すこと」「読むこと」「書くこと」「ことばに関する事項」から、「表現」「理解」「言語事項」に改められた。そこで、「表現」領域に関連した新しい選択科目「国語表現」が登場したことになる。

　この科目をめぐっては教育現場での理解は多様で、設置する学校も決して多くはなかったと思われる。その理由の一つとして、「表現」の領域に特化した科目の効果的な扱い方が見えにくいということが挙げられる。そしていま一つの理由は、「国語表現」という科目の名称から、作文指導が想起されることにある。指導者は学習者が書いた作文をいかに効率的に評価するかという課題に直面することから、その負担の大きさがこの科目の設置率が上がらない理由になったことは想像に難くない。

　高等学校現場での設置率や評価が必ずしも高くはなかったにも関わらず、その後の改訂において「国語表現」という科目は存続することになった。平成元年に公示された学習指導要領で新設となった「現代語」という科目が、次の改訂で早くも姿を消したこととは対照的に、「国語表現」は残り続けた。

　平成11年に公示された学習指導要領においては、「国語表現」は「国語表現Ⅰ」と「国語表現Ⅱ」とに分かれて設置され、「国語表現Ⅰ」が「国語総合」との選択必履修科目という位置付けになったことにも注目しなければならない。

すなわち「国語表現Ⅰ」が履修されていれば、卒業の要件が満たされることになったわけである。このときの「国語表現Ⅰ」をよく眺めてみると、「古典」に関連する内容が含まれていることが分かる。これは高等学校の国語科で「国語表現Ⅰ」のみを履修するという学習者に対して、いささかでも「古典」の内容を学ぶ機会を保証するという配慮によるものと理解できる。平成21年に公示された学習指導要領では再度「国語表現」という科目に戻って、選択必修という位置付けは外れたが、平成30年の改訂においても、「国語表現」は引き続き選択科目として設置されたことは重要である。

「国語表現」は「論理国語」「文学国語」「古典探究」とともに設置された選択科目であり、標準単位数は4単位である。科目の目標は以下のように定められている。

---

　言葉による見方・考え方を働かせ、言語活動を通して、国語で的確に理解し効果的に表現する資質・能力を次のとおり育成することを目指す。
（1）実社会に必要な国語の知識や技能を身に付けるようにする。
（2）論理的に考える力や深く共感したり豊かに想像したりする力を伸ばし、実社会における他者との多様な関わりの中で伝え合う力を高め、自分の思いや考えを広げたり深めたりすることができるようにする。
（3）言葉がもつ価値への認識を深めるとともに、生涯にわたって読書に親しみ自己を向上させ、我が国の言語文化の担い手としての自覚を深め、言葉を通して他者や社会に関わろうとする態度を養う。

---

高等学校国語の教科目標を受けて、全ての科目の目標は同一の文言によって統一されている。資質・能力の育成に関わる3項目に関しては、第一に「実社会に必要な国語の知識や技能を身に付ける」点が掲げられているが、これは「現代の国語」および「論理国語」と共通する。続く第二点に関しても、「現代の国語」「言語文化」とほぼ重なる目標であるが、「国語表現」では特に「実社会における他者との多様な関わりの中で」伝え合う力を高め、自分の思い・考えを広げかつ深めるという点が含まれることが特徴的である。そして第三点に関しては、すべての科目に共通する目標となっている。

平成28年12月の中央教育審議会の答申では、「国語表現」において育成される資質・能力が次のように示されていた。

選択科目「国語表現」は、表現の特徴や効果を理解した上で、自分の思いや考えをまとめ、適切かつ効果的に表現して他者と伝え合う能力を育成する科目として、主として「思考力・判断力・表現力等」の他者とのコミュニケーションの側面の力を育成する。

　すなわち「答申」においては、特に「他者とのコミュニケーションの側面の力」が取り上げられていたことに着目しておきたい。

　「国語表現」の〔知識及び技能〕においては、言葉の働きや表現・言葉遣いの理解を始め、語感を磨き語彙を豊かにすることや、表現技法の理解が求められている。特に「実用的な文章」が取り上げられ、その「種類や特徴、構成や展開の仕方などについて理解を深める」とされている。また、「言語表現を豊かにする読書の意義と効用について理解を深める」ことに言及された点に注意しておきたい。

　〔思考力、判断力、表現力等〕では「話すこと・聞くこと」及び「書くこと」の領域に分けて、具体的な指導内容が掲げられている。平成21年公示の現行版では「内容」が領域に分けて示されていないことに対して、新しい版ではより詳しく取り上げられていて、具体的な扱いに即して捉えることができるようになった。特に目標に「実社会に必要な」という文言があることを受けて、実社会の問題や自分に関わる事柄の中から話題や題材を決めて、話したり書いたりすることが求められている点には注意したい。言語活動例に関しても、具体的で多様な活動が多く取り上げられている。

　「内容の取扱い」においては、それぞれの領域ごとに配当時間が定められている。すなわち「話すこと・聞くこと」では「40〜50単位時間程度」を配当し、「書くこと」は「90〜100単位時間程度」を配当することになっている。さらにいずれの領域に関しても、「計画的に指導すること」が求められている。

## ❷ 育成すべき「資質・能力」

　「国語表現」で育成すべき資質・能力として３項目が掲げられているが、その初めに「実社会に必要な国語の知識や技能を身に付けるようにする」とあることは先にもふれた。それを受けて「内容」における〔知識及び技能〕に示された５種類の指導事項の中で、ここでは特に次の指導事項に注目しておきたい。

郵 便 は が き

１１３８７９０

料金受取人払郵便

本郷局
承認

**2274**

差出有効期間
2020年 2 月
29日まで

東京都文京区本駒込5丁目
16番7号

# 東洋館出版社
営業部 読者カード係 行

| ご芳名 | |
|---|---|
| メール<br>アドレス | ＠<br>※弊社よりお得な新刊情報をお送りします。案内不要、既にメールアドレス登録済の方は<br>　右記にチェックして下さい。□ |
| 年　齢 | ①10代　②20代　③30代　④40代　⑤50代　⑥60代　⑦70代～ |
| 性　別 | 男　・　女 |
| 勤務先 | ①幼稚園・保育所　②小学校　③中学校　④高校<br>⑤大学　⑥教育委員会　⑦その他（　　　　　　） |
| 役　職 | ①教諭　②主任・主幹教諭　③教頭・副校長　④校長<br>⑤指導主事　⑥学生　⑦大学職員　⑧その他（　　　　　） |
| お買い求め<br>書店 | |

■ご記入いただいた個人情報は、当社の出版・企画の参考及び新刊等のご案内
のために活用させていただくものです。第三者には一切開示いたしません。

## Q ご購入いただいた書名をご記入ください

（書名）

## Q 本書をご購入いただいた決め手は何ですか（1つ選択）

①勉強になる ②仕事に使える ③気楽に読める ④新聞・雑誌等の紹介
⑤価格が安い ⑥知人からの薦め ⑦内容が面白そう ⑧その他（　　　　　　　　）

## Q 本書へのご感想をお聞かせください（数字に○をつけてください）

4：たいへん良い　3：良い　2：あまり良くない　1：悪い

| | | | | |
|---|---|---|---|---|
| 本書全体の印象 | 4―3―2―1 | 内容の程度/レベル | 4―3―2―1 |
| 本書の内容の質 | 4―3―2―1 | 仕事への実用度 | 4―3―2―1 |
| 内容のわかりやすさ | 4―3―2―1 | 本書の使い勝手 | 4―3―2―1 |
| 文章の読みやすさ | 4―3―2―1 | 本書の装丁 | 4―3―2―1 |

## Q 本書へのご意見・ご感想を具体的にご記入ください。

## Q 電子書籍の教育書を購入したことがありますか?

## Q 業務でスマートフォンを使用しますか?

## Q 弊社へのご意見 ご要望をご記入ください。

ご協力ありがとうございました。頂きましたご意見・ご感想などを SNS、広告、宣伝等に使用させて頂く事がありますが、その場合は必ず匿名とし、お名前等個人情報を公開いたしません。ご了承ください。

エ　実用的な文章などの種類や特徴、構成や展開の仕方などについて理解を深めること。

　ここに挙げられた「実用的な文章」は、新学習指導要領では「現代の国語」および「論理国語」の言語活動例でも取り上げられている。「現代の国語」では「書くこと」と「読むこと」の領域に、また「論理国語」では「読むこと」の領域に、それぞれ「論理的な文章や実用的な文章を読み」のように示されている。「論理国語」ではさらに「内容の取扱い」の教材に関する規定にも、「読むこと」の教材は「近代以降の論理的な文章及び現代の社会生活に必要とされる実用的な文章とする」と定められている。

　この「実用的な文章」は、平成21年公示の現行の学習指導要領でも「国語総合」の「読むこと」の言語活動例で取り上げられていた。すなわち「現代の社会生活で必要とされている実用的な文章を読んで内容を理解」するという活動である。では「実用的な文章」とは具体的にどのような文章のことであろうか。『高等学校学習指導要領解説国語編』（平成22年6月）においては、次のように解説されている。

　「実用的な文章」とは、一般的には、具体的な何かの目的やねらいを達するために書かれた文章である。それには、報道や広報の文章、案内、紹介、連絡、依頼などの文章や手紙のほか、会議や裁判などの記録、報告書、説明書、企画書、提案書などの実務的な文章、法律の条文、キャッチフレーズ、宣伝の文章などがある。また、インターネット上の様々な文章や電子メールの多くも、実用的な文章の一種と考えることができる。

　なお平成29年に告示された中学校の新学習指導要領においては、第3学年の〔思考力、判断力、表現力等〕の「読むこと」の領域の言語活動例に、「実用的な文章を読み、実生活への生かし方を考える活動」が含まれている。『中学校学習指導要領（平成29年告示）解説国語編』（平成29年7月）では、「実用的な文章」の具体例として「広告、商品などの説明資料、取扱説明書、行政機関からのお知らせなどとして書かれた多様な文章」が挙げられており、この言語活動例の後段を「実用的な文章を読み、実生活の場面を想定した対応を考える」と解説している。

「現代の国語」や「論理国語」の言語活動例にも、「実用的な文章」は登場する。これは、新学習指導要領が「実社会」との関連に配慮がなされていることにも関連する。ちなみに、「国語表現」の〔思考力、判断力、表現力等〕には、二領域にそれぞれ「実社会」の文言が使用されている。「実用的な文章」に関しては、「国語表現」以外の科目でも取り上げられているが、「国語表現」の「話すこと・聞くこと」の領域では「目的や場に応じて、実社会の問題や自分に関わる事柄の中から話題を決め（以下略）」、また「書くこと」の領域では「目的や意図に応じて、実社会の問題や自分に関わる事柄の中から適切な題材を決め（以下略）」のように「実社会の問題」への言及が見られる。

「国語表現」の言語活動例には、「実社会」に直結する活動が多く取り上げられている。「話すこと・聞くこと」の領域では、スピーチ、面接、連絡、紹介や依頼、インタビュー、発表、話合い、議論や討論などが挙げられている。また「書くこと」の領域では、企画書や報告書、説明書、広報資料、紹介・連絡・依頼などの実務的な手紙や電子メール、提案書などが提示されている。これらはいずれも実社会と深く関わる活動であり、そのような活動が目指されることが「国語表現」の特徴となっている。

続いて注目したいのは、次のような言語活動例である。なお最初に掲げるのは、以下の言語活動例が示された領域を意味する。

---

○「話すこと・聞くこと」

ウ　異なる世代の人や初対面の人にインタビューをしたり、報道や記録の映像などを見たり聞いたりしたことをまとめて、発表する活動。

オ　設定した題材について調べたことを、図表や画像なども用いながら発表資料にまとめ、聴衆に対して説明する活動。

○「書くこと」

イ　文章と図表や画像などを関係付けながら、企画書や報告書などを作成する活動。

---

引用した言語活動例には、「図表や画像」および「映像」という用語が含まれている。ＰＩＳＡ調査で「非連続型テキスト」が話題になったこととの関連が推察されるものだが、平成21年に公示された高等学校の学習指導要領では、「図表や画像」が言語活動例として様々な形で取り上げられ、教科書の内容に

も反映されてきた。今回の平成30年版においてもその傾向は踏襲され、選択科目の「国語表現」では先の引用の通り「図表と画像」が明確に取り上げられている。さらに注意すべきは、「図表や画像」を単独で扱うのではなく、言葉との関連において扱うように位置付けられている点である。

そしてまた、「話すこと・聞くこと」の言語活動例の中には「映像」が取り上げられている点にも着目したい。静止「画像」だけではなく「映像」もまた言語活動に関連した位置付けになっている。なお、「内容の取扱い」において、「話すこと・聞くこと」の教材に関する規定として、「必要に応じて、音声や画像の資料などを用いることができること」とある点にも配慮が必要である。

## ❸ 単元構想案（高等学校２年生対象）

単元名　聞き書きで知る変容の時代（「話すこと・聞くこと」「書くこと」）
　　　　―身近な人が過ごした高校時代を考える

### （１）単元の概要

本単元は、学習者にとって身近な家族や恩師などに直接会って話を聞き、その内容をまとめる「聞き書き」の活動を中心に展開する。人生の先輩でもある人の若き日の思い出、特に自身と同じ高校生のころの様々な思い出を聞いて、その人が高校生のころに過ごした時代がどのような時代であったのかを理解し、現代との比較を試みることが単元の目標となる。「話すこと・聞くこと」と「書くこと」の領域にそれぞれ関わる総合単元で、多様な「国語表現」の学びを展開することになる。

本単元は、具体的には主に次の言語活動例と対応する。ここでは「話すこと・聞くこと」の領域から主なものを示すことにする。

> ウ　異なる世代の人や初対面の人にインタビューをしたり、報道や記録の映像などを見たり聞いたりしたことをまとめて、発表する活動。

なお、関連する「書くこと」の言語活動例は「異なる世代の人や初対面の人にインタビューをするなどして聞いたことを、報告書などにまとめる活動」と

なっている。

　本単元は、主としてグループ単位の活動を通して学びが展開しつつ深化するところに一つの特色がある。授業では3人から4人程度のグループを編成して、主な学習活動を展開する。まずグループ単位で話合いをしてから、どのような人から話を聞くのかを決めることになる。グループの中で意見を交流しつつ、実際に話を聞くことができるような人を選ぶことができるとよい。

　相手が決まったら、グループ内で分担をして今後の活動に備える。まず先方に手紙もしくはメールを届けて、こちら側の趣旨をまとめつつ、相手の都合を問い合わせるところから出発する。「書くこと」の活動例には「依頼などの実務的な手紙」を書くという活動があるが、それを実践することになる。

　それとともに、聞き書きをどのように進めるのか、分担はどうするのかなどを話し合って、企画書の作成を目指す。

　手紙やメールで相手の都合を確認したら、直接その人に会ってインタビューを実施する。その際には、〔知識及び技能〕に示された指導事項に配慮して相手の話を聞き、聞き取った情報を吟味しつつまとめることになる。そのうえでグループの活動として、メンバーが聞いた話を相互に交流した後で、今度はクラスの中でグループごとに発表をする。その折には、「話すこと・聞くこと」の次の言語活動例を踏まえることになる。

---

　オ　設定した題材について調べたことを、図表や画像なども用いながら
　　　発表資料にまとめ、聴衆に対して説明する活動。

---

　グループ単位で「図表や画像など」も用いた「発表資料」を作成して、発表することが、本単元の総括となる。聞き書きを通して、身近な人の高校時代の状況を把握したうえで、現在の自分が生きる時代と比較して、改めて時代を把握する視点を獲得することができればよい。

　下沢勝井の「『ききがき』教育の展望」（『日本文学』1980.6、以下の引用はこの論文による）によれば、聞き書き教育には二つの意義がある。その一つは「変容の時代を生きる証言集」としての意義、いま一つは「ききがきを通して通じ合える人間関係の回復」をもたらすという意義である。さらに下沢は、「能動的な言語活動を通しての体験学習・問題解決学習」として聞き書きを捉えたうえで、「教科国語というセクションに主要な位置を占める学習活動であるこ

とは確かだが、同時に教科のセクションを踏み越えていく総合学習」という観点から、その教育的意義を明らかにした。本単元の主要な活動は聞き書きであるが、その教育的意義を考える際に、このような点を意識しておきたい。特に単元を編成する際には、「国語表現」に定められた指導内容を学習の様々な場面に効果的に取り入れるように配慮する必要がある。

なお、本単元は学習者が実際に聞き書きをするという場面を想定して、指導計画を検討することになる。実際に聞き書きをする時間を、例えば放課後や昼休みなどの時間を有効活用して確保するようにしたい。学校や学習者の状況を勘案のうえ、適切な指導計画を策定したいところである。

## （2）指導目標

○目的を明確にして聞き、聞き取った情報を吟味したうえで整理することによって、自分の考えを広げたり深めたりする。〔知識及び技能〕

○目的をもって異なる世代の人にインタビューをしたうえで、聞いた情報をまとめて発表し、発表をもとにした話合いの結果を、図表や画像なども用いながら発表資料にまとめて説明をする。〔思考力、判断力、表現力等〕

○異なる世代の人に会って、しっかりと自分の目的を告げてから話を聞くようにして、聞いた情報を的確に整理してグループ内で積極的に共有し、「変容の時代を生きる証言」をまとめることによって、時代への視野を広げつつ自分の考えを深めようとする。（学びに向かう力、人間性等）

## （3）評価規準

| 知識及び技能 | 思、判、表（話す・聞く能力） | 態度 |
|---|---|---|
| 目的を明確にして聞き、聞き取った情報を的確にまとめて、自分の考えを深めることができる。 | インタビューを通して相手の話を聞き、聞いた話を基にグループで話し合い、その結果をクラスで発表することができる。 | インタビューする人に目的をしっかりと伝えて話を聞き、聞いた情報を整理してグループ内で共有し、聞き書きをまとめることによって、時代への視野を広げ、自分の考えを深めている。 |

## （４）単元の指導計画（全６時間、別途放課後等の活動を含める）

| | 主な学習活動 | ◆指導上の留意点　◇評価規準 |
|---|---|---|
| **一次**<br><br>1時<br>本時 | ○聞き書きの計画を立てる。<br>1　単元の目標および学習の進め方についての説明をする。<br>2　3人から4人程度のグループを編成して、話を聞く相手の候補について出し合う。<br>3　聞き書きの相手を決めて、具体的な準備を進める。<br>4　どのような時代に焦点を当てるのかを確認する。<br>5　聞き書きをする相手の人に宛てて、依頼と都合を尋ねる手紙を書く。<br>6　実際に聞き書きを進めるために、企画書を作成する。グループの中の分担も決めるようにする。 | ◆単元の目標、学習の展開について、指導者が要点を絞って説明をする。<br>◆誰からどのような話を聞くのかについて、計画を立案する。<br>◆聞き書きの目的の一つは変容の時代の証言を得ることを踏まえて、グループ内で話を聞く人の高校時代のことを話題にする。<br>◇話合いの目的に応じて多様な考えを引き出しつつ、結論を得ている。（話・発言）<br>◆聞き書きをする相手を決めて、依頼と都合を尋ねる手紙を書く。一度ワークシートに下書きをする。<br>◇依頼の趣旨を明確にして、手紙を書くことができる。（書、ワークシート）<br>◆グループ内で聞き書きの計画を検討して、企画書を作成する。<br>◇聞き書きの企画書を作成することができる。（書、ワークシート） |
| **二次**<br><br>2時 | ○企画書に即して、実際に聞き書きを実施する。<br>1　話を聞く相手の都合に即して、その人に直接会って、インタビューを試みる。<br>2　インタビューした内容はメモを取りながら聞き、後で文章にまとめるときの資料とする。 | ◆学校の教職員に協力を依頼して、教職員へのインタビューも含める。昼休みや放課後の時間も有効活用する。<br>◇効果的な質問を投げかけて、相手の話を引き出している。（話、聞く）<br>◆話を聞きながら、要点をメモしている。（書、メモ）<br>◆授業中に十分な時間が取れない場合には、昼休みや放課後なども有効活用して、聞き書きを実施する。 |
| **三次**<br><br>3, 4時 | ○インタビューをした相手の人の高校時代の特色をまとめて発表資料を作成し、発表の準備をする。<br>1　グループで聞き書きの際のメモを参照しつつ、どのような話が聞けたのかを振り返る。<br>2　特に相手の人の高校時代の様子について、聞いたことを整理する。<br>3　発表資料を作成して、発表の準備を進める。<br>4　発表資料に基づいて、発表の分担をして、グループ内でリハーサルを実施する。 | ◆話を聞いた相手の人の高校時代の様子について、聞いたことを基にして整理する。<br>◇グループでの話合いが円滑に展開できている。（話、発言）<br>◆図書室の資料なども参照して、その時代の主な出来事や傾向なども調べる。<br>◇相手の人が過ごした高校時代の話題を中心に、聞いたことを基にして効果的な発表資料が作成できている。（書、発表資料）<br>◆発表資料を作成し、実際の発表の分担を決めたうえで、具体的な準備をする。 |
| **四次**<br><br>5, 6時 | ○グループごとに発表をする。<br>1　グループごとに聞き書きの成果を踏まえつつ、相手の人の高校時代について、主な特色を発表する。<br>2　聞いているメンバーは、ワークシートに発表を聞いて分かったことをメモし、また相互評価のコメントも記入する。<br>3　最後に単元の学習を終えて、考えたことをまとめる。 | ◆あらかじめ発表資料をクラス全員分印刷して、配布しておく。<br>◆発表は各グループ10分以内とし、時間が余れば質問も受け付けるようにする。<br>◇効果的な説明ができている。（話、発表）<br>◇発表を聞いて明らかになったことをまとめている。（書、ワークシート） |

## （5）授業の実際（1／6時間）

| 学習活動 | 発問／課題指示と学習者の活動 | ◆指導上の留意点 ◇評価規準 |
|---|---|---|
| 1　単元の目標および学習の進め方について確認する | ○本単元では「話すこと・聞くこと」の活動と「書くこと」の活動をそれぞれ取り入れた、総合的な学習を目指すことになる。具体的には「聞き書き」を実施するわけだが、異なる世代の人に会って直接話を聞き、要点をメモしておこう。特に自分たちと同じ高校生のころがどのような時代だったのかを、ご自身の体験に即して話してもらうようにしたい。 | ◆グループでの活動を主体として学習を展開することになるので、各自が学習目標や学習方法について的確に理解する必要がある。単元の目標や学習の進め方について常に理解を促すことができるように、「学習の手引き」を用意して学習者全員に配布し、随時参照させる。 |
| 2　どのような人に会って話を聞くのか、候補者を選ぶ | ○どのような人に会って話を聞くことにするのか、候補を挙げてみよう。<br>○話を聞く相手の候補が決まったら、グループで分担して依頼の手紙、もしくはメールを出すための準備を進めよう。 | ◆どのような時代を取り上げるのかを話し合うのと同時に、どのような人から話を聞くのかをグループで協議する。実際に会って話を聞くことが出来る人を選ばなければならない点に注意する。 |
| 3　グループ内の分担を明らかにして、聞き書きの企画書を作成する | ○本単元の学習の展開を踏まえて、聞き書きをどのように進めるかを相談して、企画書を作成してみよう。その際に、グループ内での効果的な活動の分担も工夫してみよう。 | ◆手紙もしくはメールの下書きをワークシートにまとめる。<br>◇依頼の趣旨を明確にして、手紙を書くことができる。（書、ワークシート）<br>◆聞き書きの計画を立て、企画書を作成する。ワークシートに下書きをまとめるようにする。<br>◇聞き書きの企画書を作成することができる。（書、ワークシート） |

## （6）授業改善のポイント

### ①　総合性に配慮した授業展開を心がける

　本単元においては、「話すこと・聞くこと」と「書くこと」のそれぞれの領域の言語活動を展開する総合的な学習を目指すことになる。授業の構想に際しては、新学習指導要領の「国語表現」に示された多様な活動を取り入れる点が特に重要である。その点に配慮した扱いを心がけたい。

　ただし、総合的な学びの前提として、個々の活動に対するきめ細かな指導は不可欠となる。一つの方法として、指導者が詳細な学習の手引きを作成し、その手引きと対応したワークシートを作成するなどの工夫が求められる。

　例えば依頼の手紙もしくはメールを書くという活動を取り上げるなら、その活動は話を聞く人を決めるという聞き書きの大きな流れの一つの要素であるが、「紹介、連絡、依頼などの実務的な手紙や電子メールを書く活動」として、「書くこと」領域の言語活動例に位置付けられている。この活動の指導にも十分な

配慮をしつつ、聞き書き全体の展開を常に意識した指導を心掛ける必要がある。

　十分な時間を配当することができないが、本単元では話を聞いた相手の生きた時代を取り上げることになる。その時代の特色について図書室の資料などを調べることには、他の教科との関連という観点も含まれる。教科の総合性という面にも、可能な範囲で配慮することができるとよい。

② 効果的なグループ学習を推進する

　本単元ではグループ単位の活動が中心となることから、学習者自身が意識的に単元の展開についてあらかじめ把握する必要がある。そのためには、先に言及した学習の手引きやワークシートの活用が求められることになる。

　効果的なグループ学習を推進するためには、指導者の役割が特に重要である。教室での一斉学習以上に、指導者の工夫が必要となる。指導者は常に学習者の具体的な状況を可能な限り把握しなければならない。学習の途中にも各グループの現状を的確に把握しておきたい。あらかじめリーダーを互選して、リーダーを中心に活動を展開するようにする。

　評価についての配慮もよく検討するようにしたい。指導者の評価とともに、自己評価および相互評価を効果的に取り入れることも工夫したい。特に相互評価を工夫することは、グループ学習にとって重要な課題となる。


# ❹ 年間指導計画の立て方

　昭和53年告示の高等学校学習指導要領で設置されてから、「国語表現」は平成30年公示の版まで継続されている。今回平成30年の改訂において、唯一残る科目となったことからも、まず大切なことはこの科目の意義を改めて適切に見直すことである。そのうえで、〔知識及び技能〕と〔思考力、判断力、表現力等〕に示された内容を吟味したうえで、指導事項や言語活動例に十分に配慮した年間指導計画案の作成が求められている。


## ■年間指導計画の例

「国語表現」総時間数標準140（70）　　　　　　　　　（　　）内は１年分

| 領域 | 話すこと・聞くこと | 書くこと |
|---|---|---|
| 時間数 | 40〜50 | 90〜100 |

以下、参考までに３年生の１学期の具体例を掲げることにする。


３年１学期（28時間）

| 単元名 | 重点とする指導事項 | 言語活動例 | 主な学習活動と教材 | 〔知識及び技能〕との関係 |
|---|---|---|---|---|
| 高校生活充実の工夫―２年間の体験を通して後輩へのアドバイス〔話すこと・聞くこと〕６時間 | ア　目的や場に応じて、実社会の問題や自分に関わる事柄の中から話題を決め、他者との多様な交流を想定しながら情報を収集、整理して、伝え合う内容を検討すること。 | ア　聴衆に対してスピーチをしたり、面接の場で自分のことを伝えたり、それらを聞いて批評したりする活動。 | ・高校２年生までの学校生活を振り返りつつ、どうしたら高校生活を充実させることができるのか、１年生の後輩へのアドバイスとして２分間のスピーチを実施する。・グループでスピーチ内容の検討と練習をする。・クラスで実際にスピーチをする。・可能であれば、ビデオで録画して、１年生に紹介して感想を聞く。 | (1) ウ　自分の思いや考えを多彩に表現するために必要な語句の量を増し、話や文章の中で使うことを通して、語感を磨き語彙を豊かにすること。 |
| 「未来の玩具」の企画書を創る〔書くこと〕６時間 | エ　自分の考えを明確にし、根拠となる情報を基に的確に説明するなど、表現の仕方を工夫すること。 | イ　文章と図表や画像などを関連付けながら、企画書や報告書などを作成する活動。 | ・子ども向けの玩具を取り上げて、これからの時代にふさわしい玩具を想像したうえで、企画書を作成する。・企画書には実際の玩具の図を、必要に応じて取り入れるようにする。・グループで個々の企画書を検討し、特に興味が喚起された企画を選んで、クラスに紹介する。 | (1) エ　実用的な文章などの種類や特徴、構成や展開の仕方などについて理解を深めること。 |
| 中間考査 | | | | |
| 「卒業記念」イベントの試み―話し合ってみたら…〔話すこと・聞くこと〕６時間 | キ　互いの主張や論拠を吟味したり、話合いの進行や展開を助けたりするために発言を工夫するなど、考えを広げたり深めたりしながら、話合いの仕方や結論の出し方を工夫すること。 | エ　話合いの目的に応じて結論を得たり、多様な考えを引き出したりするための議論や討論を行い、その記録を基に話合いの仕方や結論の出し方について批評する活動。 | ・卒業記念にイベントを企画するとしたら、具体的にどのようなものがよいのか、グループでの話合いを通して、いくつか案を出し合う。・その案をもとにして、クラスで話合いを続けて、クラスとしての意思決定を行う。 | (1) ア　言葉には、自己と他者の相互理解を深める働きがあることを理解すること。 |
| これから激動の時代を生き抜くために―社会 | カ　読み手に対して自分の思いや考えが効果的に伝わる | オ　設定した題材について多様な資料を集め、調べたこ | ・これからの時代を生きる世代として、現状をどのように把握し、どのように過ごしていくのか、新聞や雑誌 | (2) ア　自分の思いや考えを伝える際の言語表現を豊かにする読書の意 |

109

| | | | | |
|---|---|---|---|---|
| 生活にとって真に必要なものは何か<br>〔書くこと〕<br>８時間 | ように書かれているかなどを吟味して、文章全体を整えたり、読み手からの助言などを踏まえて、自分の文章の特長や課題を捉え直したりすること。 | とを整理したり話し合ったりして、自分や集団の意見を提案書などにまとめる活動。 | の記事などを通して、具体的に考える。<br>・考えたことを文章にまとめ、論説文として仕上げるようにする。<br>・まとめた文章は、そのまま卒業記念文集に掲載する。 | 義と効用について理解を深めること。<br>(1) イ　話し言葉と書き言葉の特徴や役割、表現の特色について理解を深め、伝え合う目的や場面、相手、手段に応じた適切な表現や言葉遣いを理解し、使い分けること。 |
| 期末考査 | | | | |

（町田守弘）

**資料**

　聞き書きを中心とした単元の学習は、一般的には次のような手順で進めることになる。

①　聞き書きという活動について理解する。

　まず初めに、聞き書きとはどのような活動のことか、聞き書きの意義はどのようなものかについて理解する。聞き書きのテーマが決まっていれば、この段階で提示するようにしたい。

②　聞き書き作品を教材として読む。

　参考として具体的な聞き書き作品を教室で読む。読みながら、聞き書きの特徴に関して理解する。なお参照する聞き書きには、学習者の作品も含める。

③　聞き書きの手順について理解する。

　聞き書きの手順についてよく理解したうえで、円滑に活動に取り組むことができるように心がける。

④　聞き書きの計画を立てる。

　誰からどのような話を聞くのかという点を中心に、具体的な計画を立てる。

⑤　実際に聞き書きの活動に取り組む。

　教室を離れた学習者の自主的な活動となる。長期休暇中の学習課題となる場合もある。実際の聞き書きは、次のような手順で実施することになる。

ⅰ　話し手を決める→人に対する興味、もしくは事柄に対する興味から、適切な話し手を選び、先方の了承を得る。

ⅱ　話題について吟味する→相手からどのようなことを聞くのかを決める。

ⅲ　実際に話を聞く→相手の話を引き出しつつ、要点をメモしながら聞く。

ⅳ　聞いた話をまとめる→相手のことばを生かしつつ、構成を工夫して書く。

⑥　完成した聞き書き作品を発表する。

　発表の方法は、グループ内での回覧、代表的な作品の朗読、文化祭などの場を活用した展示、文集にまとめるなど、多様な発表の形態が考えられる。


（町田守弘『国語教育の戦略』〈東洋館出版社、2001.4〉をもとにまとめたもの）

選択科目

# 古典探究

## ❶ 本科目の特徴

　「古典探究」は、共通必履修科目「現代の国語」・「言語文化」を履修した後に履修させることとされている科目である点、「論理国語」などと同様である。

　「第３款」における各科目共通の事項については引用せず巻末資料に委ねるが、まず「１」に関しては、「指導計画の作成に当たっては、次の事項に配慮するものとする」とあり、(1)「主体的・対話的で深い学びの実現を図る」、「言葉による見方・考え方を働かせ」る、「言語活動を通して、言葉の特徴や使い方などを理解し自分の思いや考えを深める」ことが求められ、(3)「〔知識及び技能〕に示す事項については、〔思考力、判断力、表現力等〕に示す事項の指導を通して指導すること（下線引用者）」が「基本」とされ、(5)「外国語科など他教科等との関連を積極的に図」ることが求められている。そしてこれらが前掲の通り「配慮するものとする（下線引用者）」とあるのは、「配慮」が「義務づけられている」ことを意味する。以下の「２　内容の取扱い」でも「配慮」が、「３　教材」では「留意」が、「ものとする」という表現で義務付けられていることについては、承知しておかねばならない。もちろん学習指導要領は法的拘束力をもっている。

　「３」では「古典探究」について、「言語文化」の３の(4)のイ及びオに示す事項に留意することが求められている。これも引用はしないが、要するに「言語文化」と同様の観点から教材選定が行われることを求めており、つまりは「言語文化」における古典学習の延長線上に「古典探究」が位置付けられる。これらを前提とした「古典探究」であることを理解しておく必要がある。

　さて、「古典探究」の標準単位数は４単位、すなわち140単位時間が設定されており、科目の目標は次のようになっている。

言葉による見方・考え方を働かせ、言語活動を通して、国語で的確に理解し効果的に表現する資質・能力を次のとおり育成することを目指す。

(1) 生涯にわたる社会生活に必要な国語の知識や技能を身に付けるとともに、我が国の伝統的な言語文化に対する理解を深めることができるようにする。

(2) 論理的に考える力や深く共感したり豊かに想像したりする力を伸ばし、古典などを通した先人のものの見方、感じ方、考え方との関わりの中で伝え合う力を高め、自分の思いや考えを広げたり深めたりすることができるようにする。

(3) 言葉がもつ価値への認識を深めるとともに、生涯にわたって古典に親しみ自己を向上させ、我が国の言語文化の担い手としての自覚を深め、言葉を通して他者や社会に関わろうとする態度を養う。

　これを現行の平成21年版学習指導要領と比べよう。まず標準単位数2単位の「古典A」は「古典としての古文と漢文、古典に関連する文章を読むことによって、我が国の伝統と文化に対する理解を深め、生涯にわたって古典に親しむ態度を育てる」とあり、4単位の「古典B」は「古典としての古文と漢文を読む能力を養うとともに、ものの見方、感じ方、考え方を広くし、古典についての理解や関心を深めることによって人生を豊かにする態度を育てる」とある。これらを大雑把に言えば「我が国の伝統・文化・古典についての理解・関心・読む能力などを養い、生涯にわたり古典によって人生を豊かにする」という方向性がある。我が国の伝統や文化を尊重する態度を育てつつ、最終目標は各生徒の人生を豊かにする地点を目指しており、その意味では対自的である。

　これに対し新学習指導要領では、各科目の目標が共通のフレームで構成されていて、上記(3)に見られるように、対他的な方向性が強い。これは「国語」全体の「第1款　目標」の(1)(2)に対応するものである。また、「我が国の言語文化の担い手としての自覚を深め」は、「第1款　目標」の(3)「我が国の言語文化の担い手としての自覚をもち」に対応するもので、必履修科目「現代の国語」と「言語文化」では「もち」、他の4科目ではすべて「深め」という語によって、全科目で「我が国の言語文化の担い手としての自覚」を深化させていく意図が示されている。すなわち、古典も他者や社会との関係性を重視して

学ばせようとしている点は、従来の目標とは明らかに異なる点である。

　もう一つ注目すべきは、「言語文化」の目標と比べたときに、上述「もち」と「深め」以外では、「言語文化」の目標(2)で「他者との関わりの中で」とあるのに対し、「古典探究」の(2)は「古典などを通した先人のものの見方、感じ方、考え方との関わりの中で」とあり、ここが両者の異なる点である。「言語文化」には古典以外の内容が半分近く含まれるが、「古典探究」は「古典など」に特化されている。その意味では、「他者」を「先人」へとやや専門化した上で、「言語文化」での古典学習をさらに深めるねらいがあると言える。

　「２　内容」の〔知識及び技能〕では、「言語文化」から接続する項目が掲げられているが、これは平成21年版学習指導要領の「古典B」の「２　内容」が５つしかなかったのに対し、(1)「言葉の特徴や使い方に関する」事項が４つ、(2)「我が国の言語文化に関する」事項が４つあり、増えたことになる。

　中でも誤解なきよう注意すべきは(1)の「ア　古典を読むために必要な語句の量を増す」という表現で、これは「言語文化」でも(1)の「ウ　我が国の言語文化に特徴的な語句の量を増し」とあることを受けて、それを古典に特化した表現である。古典の語句の量的な拡充に言及したのは初めてで、これは「１　目標」の(1)および(3)の実現を企図してのものと理解できる。ただし、古語の知識量を単純に増やすことが目的なのではない。(1)のアの全文および国語の全科目の同様の部分をよく理解しなければなるまい。

> ア　古典に用いられている語句の意味や用法を理解し、古典を読むために必要な語句の量を増すことを通して、語感を磨き語彙を豊かにすること。

　意味用法の理解と語句の量を増すことを「通して」とあり、つまりこれは目標達成のためのプロセスであって、最終的には「語感を磨き語彙を豊かにすること」が目標であり、この箇所は「古典に用いられている」とか「古典を読むために必要な」という部分に修飾されてはいない。すなわち、言葉の意味だけでなくニュアンスを感得する力を磨き、ボキャブラリーを増やすことを企図してはいるが、それは生徒個人の全体としての語感を「磨き」語彙を「豊かにする」ためである。なぜなら、「語感を磨き語彙を豊かにすること」という文言は、今次の高校の全科目に掲げられており、統一された項目だからである。これは高校だけではない。「語彙を豊かにすること」は小学校１・２年生から高校に

至るまで全てで掲げられ、「語句の量を増す」ことも中学校1年生からの全学年で掲げられている。つまりこの文言は、決していたずらに古語の知識量を増やすことをねらうものではない。話すこと・聞くこと、書くこと、読むことの全体にわたって幅広く理解し表現できるようにする指導が求められていることに留意するべきである。

〔思考力、判断力、表現力等〕で注目すべきは、「古典探究」は今次改訂で唯一「読むこと」のみの科目だということである。すなわち、「話すこと・聞くこと」「書くこと」が項目としては立てられず、140単位時間の全部が「読むこと」になる。しかし、これも誤解なきよう注意すべきである。読解・解釈一辺倒でかまわないと言っているわけではない。そこに読書を加えれば事足りるわけでもない。それはAの(2)に示された言語活動例を見れば明らかである。「ア……調べて発表したり議論したりする活動」、「イ……論述したり発表したりする活動」、「ウ……創作したり、……文語で書いたりする活動」、「エ……朗読する活動」、「オ……様々な資料を調べ、その成果を発表したり報告書などにまとめたりする活動」、「カ……短い論文などにまとめる活動」、「キ……随筆などにまとめる活動」ここには、「読解すればそれで良い」という姿勢は微塵も見られない。そして、やはり「(1)に示す事項については、例えば、次のような言語活動を通して指導するものとする（下線引用者）」と最初に謳われている。こういった言語活動はプロセスとして必要であるからそれを「通して」指導し、「ものとする」とある以上、これは義務なのである。

したがって「古典探究」においては、ベースになる教材は全て「読む」必要のあるものだが、その学習のプロセスにおいてはあらゆる言語活動が考えられる。もちろんその活動の中で、ひたすら読み浸るとか沈思黙考するとかいう場面もあってよい。しかし、文法や語句を叩き込んで読解・解釈一辺倒の指導ばかりするのは論外である。あくまで「古典探究」は、生徒が古典に対しあらゆる角度から前向きに「探究」していくよう導くべき科目なのである。

## ❷ 育成すべき「資質・能力」

ここまでの記述でもふれてきたように、「古典探究」は「言語文化」から接続したうえで、古典領域に特化してその伸長を図る科目である。この科目の特性が分かる指導事項と言語活動例を取り上げてみたい。

## ○「読むこと」

> ウ　必要に応じて書き手の考えや目的、意図を捉えて内容を解釈するとともに、文章の構成や展開、表現の特色について評価すること。
>
> ク　古典の作品や文章を多面的・多角的な視点から評価することを通して、我が国の言語文化について自分の考えを広げたり深めたりすること。

「言語文化」でも「Ｂ　読むこと」(1)で、「ウ　文章の構成や展開、表現の仕方、表現の特色について評価すること」、「オ　作品の内容や解釈を踏まえ、自分のものの見方、感じ方、考え方を深め、我が国の言語文化について自分の考えをもつこと」という２つの項目があり、「古典探究」の上記２つはこれに繋がる項目であるが、「言語文化」には近代以降の文章も含まれる。これに対し、「古典探究」は古典のみであるが、そこで作品や文章を「評価する」ことが指導事項として求められているのは、これまでになかったことである。

例えば現行の「古典Ａ」の「内容」(1)では、「エ　伝統的な言語文化についての課題を設定し、様々な資料を読んで探究して、我が国の伝統と文化について理解を深めること」とあり、これは「古典探究」の指導事項に近いが、「評価」とまでは述べていない。また、「古典Ｂ」の指導事項には「様々な資料を読む」ような事項はなく、あくまで「古典を読んで」であり、言語活動例でアウトプットをさせるような場合でも、古典の享受とその価値への理解が求められるものであった。それに対し今次は、他の科目でも「読むこと」の中では「評価すること」が必ず１つずつは指導事項として示されている。それが「古典探究」では２つもある。これは画期的である。そもそも古典には「価値が高いもの」という前提があり、教材文を「評価する」など、昔なら「恐れ多い」ことであっただろう。しかし今次改訂ではそれを明文化した。

よく言われることだが、高校生が「嫌いな科目」を問われると「国語」、中でも「古典」を挙げる生徒が多い傾向がある。それは、「古典文法や古語をやたらと暗記させられる割には、実生活上の有用性がない（と思っている）」からであるが、そこには「古典にはそもそも価値があり、素直に受容するべきだ」という教師側の暗黙の了解と、生徒側の意識との乖離があるからであろう。

その古典が、「評価」の対象になる。もちろん「探究」である以上、単なる好き嫌いの表明は「感想」でしかなく、「評価」ではない。読者として集団で

読み合わせてみて「いかに優れているのか（あるいは、いないのか）」を検討し、読み継がれてきたからには魅力があるはずだと考えるなら「どんな魅力があるのか」を考えさせるなどの活動を行えれば、それは立派な「評価」になる。そして方法としても、いわゆる「調べ学習」に終わらず作品との「対話」を個人内でも行い、そして級友との間でも実際に「対話」を重ねることによって、「評価」ができればよいであろう。「評価」をするためには根拠が必要である。そのためには、教科書にある短い部分を読むだけでは足りるまい。参考図書を調べ、その古典の他の部分をも読み、必要とあらば語彙的・文法的に微細なことも検討した上で、根拠に基づく「評価」を行わせる必要があろう。これはまさに「探究」の一つであり、柱である。今次改訂ではそこに向けて一歩を踏み出す英断が提示されたと言っても過言ではない。

　次に、言語活動例から挙げる。ア〜キの７つの言語活動例が示されている。中でも目立つのは「キ」で「往来物」を挙げ、「漢文の名句・名言」とともに「社会生活に役立つ知識の文例を集める」というもので、漢文学習の新たな面を切り拓く言語活動例である。「現代の国語」や「論理国語」で実社会に必要な国語の知識や技能を身に付けさせる方向性に近いものがあり、本章の「現代の国語」の節で述べられている〈内容知〉と〈方法知〉の相互作用が、「古典探究」などにも拡大し、高校３年間を通してその往還を目指している事例の一つとも言えるであろう。そしてもう一つ注目したいのが以下である。

> ウ　古典を読み、その語彙や表現の技法などを参考にして、和歌や俳諧、漢詩を創作したり、体験したことや感じたことを文語で書いたりする活動。

　これまで、詩歌や小説の創作が言語活動例として示されたことはあったし、学習指導要領で言語活動例が示される以前から、こうした活動は教科書の「学習の手引き」等にもよく示される課題であった。しかし、文語作文や漢詩の創作は、一部の教師によって実践されることはあっても一種の言葉遊びとして行われていたので、このように学習指導要領で示されたのは画期的である。

　「古典探究」では、当然ながら「言語文化」よりは高度な文語の知識が求められている。しかし、読解のための文法を学習したからといって、ただちに文語作文や漢詩の創作ができるわけではない。むしろ、「こういうことを言いた

いときはこのように表現するのか」ということを、いくつもの文章を読んでいく中で体験的に獲得し、グループ活動などを通し協力して創作していくことが有効であろう。一人で作ろうとしても難しいことが多いが、友人と協力することで、主体的・対話的に取り組んでいくことができるであろうし、例えばそこに時代設定を加えてその時代らしく表現したり、漢詩であれば平仄の基本を調べてそれに合うように作ったりすることまで行えれば、かなり深い学びが期待できる。ただしそこには「古典を読み、その語彙や表現の技法などを参考にして」という前提があることを見失ってはいけない。これが「古典探究」として「読むこと」の活動の一環で行われることの条件であろう。

## ❸ 単元構想案

> 単元名　古典をPRしよう（「読むこと」）
> 　　　　グループごとに特定の古典作品を読み、出版社の社員になった
> 　　　　つもりでストーリー付きのプレゼンテーションをする。

### （1）単元の概要

　本単元は、古典を読んでその魅力を伝えるための演劇的なプレゼンテーションを行うものであり、「解釈を深め」、「文章の構成や展開、表現の特色について評価する」ことを図る学習過程について指導する。学習指導要領の目標および内容は、次の項目に対応している。

> 　１　目　標
> （3）言葉がもつ価値への認識を深めるとともに、生涯にわたって古典に
> 　　　親しみ自己を向上させ、我が国の言語文化の担い手としての自覚を深め、
> 　　　言葉を通して他者や社会に関わろうとする態度を養う。

> 　２　内　容
> 〔知識及び技能〕
> （2）エ　先人のものの見方、感じ方、考え方に親しみ、自分のものの

見方、感じ方、考え方を豊かにする読書の意義と効用について理解を深めること。

〔思考力、判断力、表現力等〕

(1) ク　古典の作品や文章を多面的・多角的な視点から評価することを通して、我が国の言語文化について自分の考えを広げたり深めたりすること。

また、言語活動としては次の項目に対応している。

ア　古典の作品や文章を読み、その内容や形式などに関して興味をもったことや疑問に感じたことについて、調べて発表したり議論したりする活動。

古典学習に対し意義を感じない生徒も多い中で、その価値について考え評価させることが今次改訂で古典にも加わったことは既に述べた。その学習の進め方には、古典の価値そのものを疑い、自由に評価する活動もあってよいであろうが、実際にはそのような活動は難しい。「社会における日常的な有用性」という浅薄な価値に限れば否定的な意見も出やすいであろうが、これを問題にしても意義は少ない。そもそも、長く読み継がれている上に教科書に掲載されているというだけで生徒は「高い価値があるのだろう」と思うであろうし、それは多くの場合ごく素直な印象であろう。それであれば、「この作品にはどのような価値があり、どう評価すべきで、読書材として他者に勧められるのか」を、グループ内での議論を通して考えさせ、それを全員で効果的に発表するため、ストーリーを交えた演劇的なプレゼンテーションにする。ただし、その際にプレゼンテーションソフトは使わず、グループの生徒全員で実演する。これは、言語文化の単なる享受にとどまらない創作活動を経験させることにもなる。

具体的には、教科書所収の教材文から、調べ学習によって作品そのものの全体像を把握した後、「出版社の営業担当者役」と「登場人物役」に役割を設定して台本を作る。その際、教科書で単元化された各古典教材を、その出版社から出た「新刊書」という架空の設定にし、営業役は例えば「弊社から新たに出ました『伊勢物語』という本につきまして、ぜひお買い求めいただきたく、内容をご紹介申し上げます」という調子で短く説明し、登場人物役は、教科書所

収の話やその他の話などを上演し、最後に営業役が「このような魅力のある本になっておりますので、ぜひお買い求めください」という方向で発表を締めた後に、その文章を担当していないグループの理解を促すために、文法、語彙、文化的背景、現代語訳・書き下し文などのプリントを配らせてポイントの解説を全員交替でやらせる。プレゼンテーションを見る側には評価票を含むワークシートを持たせ、発表班に対する評価や聞き手としての自分の態度に関する自己評価を書き込むとともに、その「新刊書」に興味が湧いたかどうか（読みたいと思ったかどうか）を記入することで、自分たちの発表を相対化する視点をもたせるとともに、読書への意欲喚起に繋げる。

　総じて、非日常的ながら実の場を設定することにより、単なる教科書教材の理解から読書活動・生涯学習へと拡大していける契機をつくり、言語文化への理解を深めるとともに、その担い手であるという意識を育てたい。

## （2）指導目標

○他班の発表を通して作品の価値を考え、かつ作品への理解を深めるとともに、自己のものの見方・考え方を相対化することを通して、古典を題材とした読書活動の重要性を考える。〔**知識及び技能**〕

○グループごとに、自班に割り当てられた作品の価値について考え評価した上で、どのような発表をするのが効果的かを考え実演する。〔**思考力、判断力、表現力等**〕

○自班の発表に対し積極的に取り組むとともに、他班の発表もよく見て自他ともに評価することで、自己のものの見方・考え方を深めようとする。（**学びに向かう力、人間性等**）

## （3）評価規準

| 知識及び技能 | 思考力、判断力、表現力 | 態度 |
|---|---|---|
| 作品の価値を考え、作品への理解を深められる。<br>古典を題材とした読書活動の重要性を考えることができる。 | 自班に割り当てられた作品の価値について考え評価し、効果的な発表の仕方を考え、実演できる。 | 自班および他班の発表双方に対し積極的に取り組み評価することで、自己のものの見方・考え方を深めようとする。 |

120

## （4）単元の指導計画（全8時間）

| | | 主な学習活動 | ◆指導上の留意点　◇評価規準 |
|---|---|---|---|
| **一次** | 1時 | 図書室でグループごとに着席し、自班が担当する教材文を精査するとともに、その作品の全体像を捉えるため、当該作品を古典文学全集などで実際に見て、教材文以外にどのような話があるのかをつかむ。その際は班長が進行役をする。<br>1班：伊勢物語「芥川」、2班：大和物語「姥捨山」、3班：陶淵明集「桃花源記」「飲酒」、4班：万葉集「雄略天皇の大御歌」「柿本人麻呂の泣血哀慟歌」、5班：宇治拾遺物語「袴垂と保昌」、6班：古今著聞集「能は歌詠み」 | ◆前時までに、6つのグループに分けて班長を決め、担当する作品を抽選で割り当てておく。<br>◆教科書で単元として組まれている文章についてはあらかじめ各班に予習をさせ、語彙、文法、文学的背景、現代語訳、書き下し文などは配付用プリントの原稿を作らせておく。この作業は夏休み中の宿題としておき、先に提出させて教師側で内容を監修しておく。誤りなどがあれば批正しておく。<br>◇図書室の資料を見て全体像をつかもうとする。（観察） |
| **二次** | 2時 | 自班でのプレゼンテーションの内容を考え、議論をしながらその台本を作る。教科書教材以外の部分も含めてもかまわない。営業役は内容を話しすぎないようにし、ストーリー部分の寸劇も3分程度に収めるようにして、全体で5分程度の発表になるように作る。時間に余裕のある班は立ち稽古をする。 | ◆時間のない班には、次回までに完成させるよう指示する。<br>◆自分たちの台本は台詞を覚えてきて、なるべく話す調子で発表できるようにさせる。余裕のある班は細かい動きを工夫してきてもよい。<br>◇班ごとに、積極的に議論しながらプレゼンテーションの台本を考えている。（観察） |
| **三次** | 3〜8時 | 各班のプレゼンテーションの発表を行う。各班とも1時間とし、点呼後に5分程度のプレゼンテーションを上演し、その後で5分程度の時間をとってワークシートにクラス全員が記入する。その後で教科書教材になっている部分については、既に提出された配付用プリントによって、当該班の生徒が交替しながら35分程度で重要事項をクラスに説明する。最後の5分程度で各班の発表を振り返り、感想や意見などを自他双方の班から出させる。 | ◆プレゼンテーション、およびプリントによる重要事項の発表とも、長くなりすぎないよう、事前に助言を加えておく。<br>◆最終時は単元全体の振り返りとまとめを5分程度行うため、比較的平易な作品を扱う6班に当てる。<br>◇発表態度が望ましい真剣なものか。見る側の態度も積極的なものか。（観察、ワークシート）<br>◇自班・他班の発表内容の善し悪しを意識できている。（発言、プリント、ワークシート）<br>◇古典作品に関する読書について意識的になっている。（発言、ワークシート） |

## （5）授業の実際（8／8時）

| 学習活動 | 発問／課題指示と学習者の活動 | ◆指導上の留意点　◇評価規準 |
|---|---|---|
| 1　本時の目標を確認する。 | ○第6班によるプレゼンテーションを見て評価票を書こう。8班は自分たちの自己評価をしよう。その後6班による教材文の説明を聴いた上で、6班についての振り返りをしよう。そして今回が最終回なので、今回の学習全体の振り返りをしてみよう。 | ◆スムーズに発表に入れるよう、発表班は最前部中央に座らせておく。 |

121

| 2　第6班による発表 | ○第6班による発表。(『古今著聞集』について。教科書所収教材文「能は歌詠み」、および自班で読んだ面白い話について、「営業担当者」役の進行と「登場人物役」の寸劇を組み合わせたプレゼンテーション。) | ◆発表中は評価票を書きながら見るのではなく、発表を見ることに集中させる。<br>◇発表班は望ましい態度で発表しているか(演技の巧拙は問わない)。その他の班は発表を集中して見ているか。(観察) |
|---|---|---|
| 3　第6班のプレゼンテーションに対する評価 | ○これまでと同様に、第6班のプレゼンに対して評価をワークシートに記入しよう。この本を「読んでみたい」と思う発表だったかどうかも、簡単に記入しよう。 | ◆単に面白おかしいものだったかどうかではなく、分かりやすかったか、この本を読んでみたいと思う発表だったかに留意させる。 |
| 4　第6班による教材文の解説 | ○これまでと同様に、「能は歌詠み」の文法・語彙・背景などの重要点を、第6班から説明してもらおう。(第6班は、事前に提出しておいたプリントを配付し、班員が交替で説明する。) | ◆事前に提出された原稿を教師が監修して批正したプリントに基づき、この文章の言語事項や文化的背景に絞った説明をさせる。本日は最後に単元全体のまとめをするため、5分程度の余裕が残るようにする。<br>◇発表班は正しい説明ができているか。その他の班はそれをきちんと受け止めているか。(観察・ワークシート) |
| 5　第8班の発表全体の振り返り | ○では、6班のプレゼンと今の説明を聴いた上で、良かった点や疑問点などを挙げてみよう。各班から最低1人はお願いするよ。1分程度各班で話し合って、代表者にコメントをしてもらうね。 | ◆単元全体を通し、意見が出やすい雰囲気を教師側で醸成しておくようにする。<br>◇きちんと話し合いをし、感想を述べているか。発表班はそれをきちんと受け止めているか。(観察・発言) |
| 6　単元全体のまとめ | ○これで今回の学習は終わるけれど、今回は古典の学習の中で演劇を交えたプレゼンを創作したり、出版社の営業さんになって教材文にはない作品全体の魅力を伝えたりしてもらったね。この学習をやった感想をいくつか書いてみよう。 | ◆読書意欲の喚起につながったかどうかを尋ねる質問項目を含めておく。各自のワークシートとともに回収。<br>◇この学習に積極的に取り組めたか。(ワークシート・最後の感想) |

## (6) 授業改善のポイント

### ① 教師による「発問－応答」の講義型授業から生徒の活動中心の授業へ

　従来の古典の授業は、多くの場合が教師主導による「発問－応答型」の授業であった。今回のこの単元では、演劇を交えたプレゼンテーションを、生徒の話し合いや立ち稽古などの活動で、台本づくりから発表の実際まで行っていく。また、その過程だけでは足りない文法・語彙・文化的背景などのポイントも、教師監修のプリントに基づいて生徒自身に解説(講義)をさせる。これは、教師による講義一辺倒になる傾向が強かった従来型の授業から、生徒の活動中心

の授業への転換である。そこには、調べる・沈思黙考する・話し合う・書く・演じる・見る・話す、といった様々な形態の言語活動が存在する。また、発表後の教科書教材文の生徒による説明は、面白い発表を見て終わりにするのではなく、再び教材文に戻るために必須のプロセスであり、そこで生徒が交替で行う「講義」は、教師主導で日常的に「発問―応答」の形で繰り返されている講義型授業とは、全く趣旨を異にする。生徒全員が演技者になり、授業者にもなり、聴衆にもなることが、そのまま学習者としての生徒の学びを多彩なものにしていくとともに、深めるべきところは深めていくことになる。

② 学校図書館の資料を用いて複数の文章を比較する

　「自分たちのプレゼンには、教科書の文章の他にどんなエピソードを盛り込もうか」こう考えることで、教科書の文章と似たタイプの話、または逆のタイプの話、時期の異なる話、矛盾するような話など様々な「比較」を、同一古典作品の中でも行うことが自然にできていく。そのためには学校図書館の資料を参考図書も含め積極的に用いて、教科書教材から範囲を広げていく。

③ 話し合いの結果や感想を形にして残す

　「古典探究」の領域と時間数は全て「読むこと」に割り当てられており、したがって言語活動の性格も「読むための活動」と位置付けられよう。しかし、ともすれば活動自体はその場限りで消えていきやすい。そのため、評価票とコメント欄を含んだワークシートを書かせることは重要で、それが自己の学びの相対化へも繋がる。この単元では書き込んだ記録が少しずつ増えていくことによって、自己の変化も見て取れるようになり、教師側の机間指導や事後の評価にも役立つものとなる。なお、定期考査では自班で扱った古典作品（本）をPRする200字程度の文章を、予告した上で書かせる問題が考えられる。台本を書き上演するだけでなく、魅力を伝えるまとまった文章を書くことで、学習の強化に繋がるからである。

## ❹ 年間指導計画の立て方

　以上のように、「古典探究」は「言語文化」のうちの半分程度の時間で培ってきた古典学習経験を基にして、「主体的・対話的で深い学び」を実現していこうとするものである。教科書も教材ベースではなく資質・能力ベースで何らかのテーマ単元を意識した構成になることが求められる。そのうえ文法などの

指導は、ときにある程度まとまった指導を行うことはあるにしても、原則として学習活動を通して行うものとなっている（これは現行も同様だが）。それゆえ履修の初めの段階では古典の読解力は低めになるわけだが、それを織り込んだ上で、なおかつ多彩な学びが実現できるように計画を立てていく必要がある。

　以下、「古典探究」４単位（140時間）を、２年次から３年次にかけて２単位ずつ分割履修する場合を想定し、本節で示した単元を２年２学期の初め頃に行うことを念頭に置いて、その前段階の１学期の計画を例示してみよう。もちろん実際の年間計画を立てる際には、学習指導要領の指導事項や言語活動例を意識した指導計画案を意識して作成する必要があろう。


■年間指導計画の例
　「古典探究」総時間数140時間（２年次70時間、３年次70時間）
　領域は「読むこと」のみ。

２年１学期（28時間）

| 単元名 | 重点とする指導事項 | 言語活動例 | 主な学習活動と教材 | 〔知識及び技能〕との関連 |
|---|---|---|---|---|
| 失敗談に学ぶ<br><br>６時間 | ア　古典に用いられている語句の意味や用法を理解し、古典を読むために必要な語句の量を増すことを通して、語感を磨き語彙を豊かにすること。 | イ　同じ題材を取り上げた複数の古典の作品や文章を読み比べ、思想や感情などの共通点や相違点について論述したり発表したりする活動。 | ・徒然草「これも仁和寺の法師」「奥山に猫またといふもの」、故事「守株」<br>・単なる面白おかしい失敗談と誤解されがちな３つの話の共通点を班ごとに話し合い、その結果を論述する。結論は各班の個性があって良いが、最終的に「人間性の弱点」が見えてくることが目標。 | イ　古典を読むために必要な文語のきまりや訓読のきまりについて理解を深めること。 |
| 愛と死を見つめる<br><br>７時間 | ウ　必要に応じて書き手の考えや目的、意図を捉えて内容を解釈するとともに、文章の構成や展開、表現の特色について評価すること。 | ウ　古典を読み、その語彙や表現の技法などを参考にして、和歌や俳諧、漢詩を創作したり、体験したことや感じたことを文語で書いたりする活動。 | ・万葉集「真間の手児奈（高橋虫麻呂）」、伊勢物語「梓弓」、大和物語「生田川、式子内親王「玉の緒よ」、杜甫「月夜」<br>・主に男女間の愛と死をテーマにした、韻文または韻文を含む文章を取り上げ、古代日本や中国の愛や死についての観念や表現の仕方について考察し、それに基づいて自分たちでも文語の歌物語や漢詩を創作して発表する。 | エ　古典の作品や文章に表れている、言葉の響きやリズム、修辞などの表現の特色について理解を深めること。 |

124

| 中間考査（1時間） | | | | |
|---|---|---|---|---|
| 限界状況の中の人間

13時間 | オ　古典の作品や文章について、内容や解釈を自分の知見と結び付け、考えを広げたり深めたりすること。 | ア　古典の作品や文章を読み、その内容や形式などに関して興味をもったことや疑問に感じたことについて、調べて発表したり議論したりする活動。 | ・『史記』「四面楚歌」「項王の最期」、『平家物語』「木曾の最期」、『方丈記』「養和の飢饉」
・やや長めの史伝、軍記物語、随筆を読む中で、前単元の男女間の愛とはまた異なった、限界状況の中での人間性や死生観について議論し、考えを深め、それを各自でエッセイにまとめる。 | ア　古典などを読むことを通して、我が国の文化の特質や、我が国と中国など外国の文化との関係について理解を深めること。 |
| 期末考査（1時間） | | | | |

　上記の教材群、及びこれに続く単元案（前節）には、次の意図を込めている。
①「古典探究」は共通必履修科目「言語文化」でこれまでのある程度固定化された定番教材が、必ずしも扱われていないことを前提にしなければならない。
②新学習指導要領では「資質・能力ベース」の教科書編成がなされる必要があり、そのため同じ作品の別箇所が複数回にわたり登場することもあり得る。

　いずれにせよ、「資質・能力ベース」のカリキュラムになるということは、古典を読む力を付けながら、多角的にものを見たり考えたりする学習活動を組まねばならないということである。教科書全体で従来型の網羅的に教材を取り揃えた「有名作品集」ではなく、ある程度テーマ単元を考えた教科書編成がなされる必要がある。教員はもちろん教科書編集者もこの点を忘れてはならない。

（浅田孝紀）

第 **3** 章

# こう変わる！
# 大学入試国語

# 1 大学入試の国語はなぜ変わるのか ―「高大接続」という発想

## 高大接続改革の一つとしての入試改革

この20年間で我が国を取り巻く社会環境や、国民の意識は、大きく変化してきた。さらにこれから先の20年間は、これまで以上のスピードで、多くの変化がもたらされることが予想できる。

少子高齢化や人口減少社会、人工知能（AI）技術の進展などの技術革新がもたらす社会構造の変化の中で、子供たちには、新たな時代を切り開いていく創り手としての力の育成が求められている。

2020年度に小学校に入学する子供は、順次施行される新しい学習指導要領で学び始め、2033年度には大学に進学し、そのまま４年で大学を卒業すると2037年度には就職することになる。今回の教育改革全体の目的は、2030年代後半の未来社会の中で一人一人が豊かな人生を送るために、どのような資質・能力が必要か、またそれらの資質・能力はどのように身に付けていくことができるか、という観点から進められていると言えよう。

平成28（2016）年３月の高大接続システム改革会議「最終報告」[1]では、高等学校教育改革、大学教育改革、大学入学者選抜改革の三者一体の改革について、次のように述べている。

> 高大接続システム改革は、高等学校教育改革、大学教育改革、及び大学入学者選抜改革をシステムとして、一貫した理念の下、一体的に行う改革である。一人一人が「学力の３要素（(1)基礎的な知識及び技能、(2)(1)を活用して課題を解決するために必要な思考力、判断力、表現力その他の能力、(3)主体的に学習に取り組む態度）※」を基盤に、自分に自信を持ち、多様な他者とともにこれからの時代を新たに創造していく力を持つことができるよう、高等学校教育、大学教育、大学入学者選抜全体の在り方を転換していかなければならない。
>
> （括弧内は、引用者による注）

## ● どうして、いま大学入試改革が必要なのか？

これまで小・中学校では、10年以上実施されてきた全国学力・学習状況調査に基づく課題分析と授業改善の取組をはじめとする、学習指導要領に示す指導事項を身に付けるための授業づくりが進んできている。特に小・中学校においては、現行の学習指導要領で重視されたものの一つである「言語活動の充実」の考え方の理解が進み、子供たちが主体的に学ぶことやグループ活動などの場面を通して協働的に学ぶことの意義が広く認識され、多くの優れた授業実践が積み重ねられてきた。

一方、高等学校においても、様々な努力がなされているところではあるが、高等学校特有の課題も指摘されている。平成28（2016）年12月の中央教育審議会答申 (2) では、その課題について次のように述べている。

> 高等学校、特に普通科における教育については、自らの人生や社会の在り方を見据えてどのような力を主体的に育むかよりも、大学入学者選抜に向けた対策が学習の動機付けとなりがちであることが課題となっている。現状の大学入学者選抜では、知識の暗記・再生や暗記した解法パターンの適用の評価に偏りがちであること、一部のAO入試や推薦入試においては、いわゆる学力不問と揶揄されるような状況が生じていることなどを背景として、高等学校における教育が、小・中学校に比べ知識伝達型の授業にとどまりがちであることや、卒業後の学習や社会生活に必要な力の育成につながっていないことなどが指摘されている。（略）今後は、特に高等学校において、義務教育までの成果を確実につなぎ、一人一人に育まれた力を更に発展・向上させることが求められる。

高等学校の授業において、知識の伝達に重点を置いた授業が多く行われている現状については、「言語活動を重視した授業改善を行っても、大学入試に対応した力を付けることができない」、「知識を教えるための時間を確保するためには、探究型の授業をしている時間の余裕はない」などの声がこれまでも多く聞かれてきた。

今回の改革は、初等中等教育と高等教育の学びの連続性を構築しようとしていると言える。つまり、小・中学校と高等学校、高等学校と大学の接続を、未来社会を切り開くための人材育成という大きな目的で貫くために、高等学校教

129

育と大学入学者選抜改革に焦点を当てて、高等学校教育と大学教育の接続部分の構造を変えることで、初等中等教育と高等教育双方への波及効果をねらっているのである。

　これらの高大接続改革の議論が周知され、その趣旨が理解されてきていることと無関係ではないだろう。既に各都道府県の高等学校の入試問題や大学の個別試験の問題においても変化が見られ始めている。これまでには見られなかった教科横断的な問題や思考力を問う問題が既に散見されるようになってきている。また、高等学校における「主体的・対話的で深い学び」を育てる授業改革の必要性についての認識も急速に進んできていると言えよう。


## ● 大学入試改革の全体像とは？

　大学入学者選抜改革は、高大接続改革全体の趣旨に基づき、受験生の「学力の3要素」について、多面的・総合的に評価する入試に転換することとしている。具体的には、大学入試センター試験を改め、2020年度より「大学入学共通テスト」を導入することと、個別選抜の在り方について改善を図ることの二つである。

　「大学入学共通テスト」についてのポイントは、次の3点である。1点目は、国語、数学への記述式問題の導入、2点目は思考力・判断力・表現力を一層重視したマークシート式問題の見直し、3点目は英語の民間試験を活用した4技能評価の実施である。

　「大学入学共通テスト」の国語の記述式問題については後に詳述するが、大規模共通テストとして従来の入試日程の中で採点、検証までを成立させることが前提である以上、その問題作成に限界があることは否定できない。その上で、「大学入学共通テスト」が、その限界の中でどのような資質・能力を図ろうとしているか、また、各大学が設定する個別選抜の問題の改善と合わせて、大学入学者選抜全体としてどのような資質・能力を図ろうとしているか、これらを一体的に捉えなければならないだろう。

　また、個別選抜については、現行の「一般入試」、「AO入試」、「推薦入試」の入試区分がそれぞれ「一般選抜」、「総合型選抜」、「学校推薦型選抜」に変更される。従来の入試区分では、一部のAO入試や推薦入試において「知識・技能」や「思考力・判断力・表現力」を実質問わないようなケースが起こってい

ることを改善するために、新しい「総合型選抜」、「学校推薦型選抜」においては、小論文等の各大学が実施する評価方法等と「大学入学共通テスト」のうち、少なくともいずれか一つの活用を必須化すること、などとしている。また、入試区分の変更に加えて、調査書や志願者に記入させる活動報告書などの書類についても充実を図ることとしており、個別選抜全体としてもいわゆる教科学力と生徒の資質・能力とをバランスよく評価できるような改善を図ろうとしている。

　このように、今回の大学入学者選抜改革は「大学入学共通テスト」だけによる改革ではなく、大学入試の仕組み全体を多面的・総合的評価を可能とするものに変えようとしていることである。

　この改革について、例えば国立大学協会は、平成29（2017）年11月に「平成32年度以降の国立大学の入学者選抜制度－国立大学協会の基本方針－」[3] の中で「新テストの記述式問題を活用するとともに、各大学がそれぞれのアドミッション・ポリシーに基づき作題し、全ての受験生に個別試験で論理的思考力・判断力・表現力を評価する高度な記述式試験を課す」こととしている。

　大学入試センターや各大学が実施する個々の試験制度がどのような守備範囲を担っており、そのそれぞれの守備範囲の限界の中で、各試験がどのような資質・能力を図ることとしているか、総合的な視点で理解することが必要である。

# 2 大学入試の国語はどう変わるのか —育成すべき資質・能力という発想

## 国語科で担う大学入学時までに身に付けておくべき資質・能力

　それでは、高等学校教育において、国語科ではどのような力を育成しなければならないのだろうか。高等学校の国語科における課題について、平成28 (2016) 年12月の中央教育審議会答申 [2] では、高等学校の授業が講義調の伝達型授業に偏っている傾向を指摘した上で、「文章の内容や表現の仕方を評価し目的に応じて適切に活用すること、多様なメディアから読み取ったことを踏まえて自分の考えを根拠に基づいて的確に表現すること、国語の語彙の構造や特徴を理解すること、古典に対する学習意欲が低いことなどが課題」であるとしている。

　高等学校の国語科の授業が、「読むこと」の学習に偏っている傾向があることについては、渡辺哲司・島田康行『ライティングの高大接続』 [4] の中で、全国の大学の新入生598名を対象に実施した平成25 (2013) 年の調査結果が報告されている。

　この調査は平成11 (1999) 年公示の高等学校学習指導要領「国語」の各科目に示された指導事項、言語活動例を項目として、対象の大学生が高等学校に授業で学ぶ機会がどれほどあったかについて尋ねている。調査項目の中で「学ぶ機会が多かった」と回答した上位4項目は下記の通りである。

　・文章に描かれた人物、情景、心情などを表現に即して読み味わうこと
　・論理的な文章について、論理の展開や要旨を的確にとらえること
　・文章の内容を的確に読み取ったり、必要に応じて要約したりすること
　・文章を読んで、構成を確かめたり表現の特色をとらえたりすること

　この4項目の共通点は、「読むこと」の指導事項であることとともに、基本的にテクストの内容を理解すること、情報をインプットすることと言える。一方、学ぶ機会が少なかったと記憶されている項目は、少なかった順に挙げると次の通りである。

・情報を収集し活用して、報告や発表などを行うこと

・話題を選んで、スピーチや説明などを行うこと

・課題について調べたり考えたりしたことを基にして、話し合いや討論などを行うこと

・課題に応じて必要な情報を読み取り、まとめて発表すること

・本を読んでその照会を書いたり、課題について収集した情報を整理して記録や報告などを書いたりすること

・題材を選んで考えをまとめ、書く順序を工夫して説明や意見などを書くこと

　これらの項目の共通点は、「話すこと・聞くこと」、「書くこと」の指導事項や言語活動例に示されているものであるとともに、情報をアウトプットすることと言える。

　この調査結果により、必履修科目である「国語総合」で扱っている「話すこと・聞くこと」、「書くこと」、「読むこと」の3領域の中で、調査対象の大学生の記憶に残った授業が「読むこと」に偏っていたことが確認できる。

● **大学が高等学校段階までの学習で身に付けてほしいこととは？**

　では、実際に大学入試ではどのような資質・能力が問われているのだろうか。例えば、京都大学入学者受入れの方針（アドミッション・ポリシー）[5] では、求める人材について、次のように示している。

---

　京都大学は、その高度で独創的な研究により世界によく知られています。そうした研究は共通して、多様な世界観・自然観・人間観に基づき、自由な発想から生まれたものであると同時に、学問の基礎を大切にする研究、ないし基礎そのものを極める研究であります。優れた研究は必ず確固たる基礎的学識の上に成り立っています。

　京都大学が入学を希望する者に求めるものは、以下に掲げる基礎的な学力です。

　1．高等学校の教育課程の教科・科目の修得により培われる分析力と俯瞰力

　2．高等学校の教育課程の教科・科目で修得した内容を活用する力

3．外国語運用能力を含むコミュニケーションに関する力

　このような基礎的な学力があってはじめて、入学者は、京都大学が理念として掲げる「自学自習」の教育を通じ、自らの自由な発想を生かしたより高度な学びへ進むことが可能となります。

（傍線は引用者による）

　この方針を見ても、京都大学が位置付ける基礎的な学力とは、「分析力と俯瞰力」、「修得した内容を活用する力」、「コミュニケーションに関する力」など、与えられた情報を理解するだけではなく、それらの知識を基に分析、思考、活用、協働する力が求められていると言えよう。

　また、東京大学の入学案内の「高等学校段階までの学習で身につけてほしいこと」[6]の中では「国語」の入試問題について次のように示している。

　国語の入試問題は、「自国の歴史や文化に深い理解を示す」人材の育成という東京大学の教育理念に基づいて、高等学校までに培った国語の総合力を測ることを目的とし、文系・理系を問わず、現代文・古文・漢文という三分野すべてから出題されます。本学の教育・研究のすべてにわたって国語の能力が基盤となっていることは言をまちませんが、特に古典を必須としているのは、日本文化の歴史的形成への自覚を促し、真の教養を涵養するには古典が不可欠であると考えるからです。このような観点から、問題文は論旨明快でありつつ、滋味深い、品格ある文章を厳選しています。学生が高等学校までの学習によって習得したものを基盤にしつつ、それに留まらず、自己の体験総体を媒介に考えることを求めているからです。本学に入学しようとする皆さんは、総合的な国語力を養うよう心掛けてください。

　総合的な国語力の中心となるのは

１）　文章を筋道立てて読みとる読解力

２）　それを正しく明確な日本語によって表す表現力

の二つであり、出題に当たっては、基本的な知識の習得は要求するものの、それは高等学校までの教育課程の範囲を出るものではなく、むしろ、それ以上に、自らの体験に基づいた主体的な国語の運用能力を重視します。

そのため、設問への解答は原則としてすべて記述式となっています。さらに、ある程度の長文によってまとめる能力を問う問題を必ず設けているのも、選択式の設問では測りがたい、国語による豊かな表現力を備えていることを期待するためです。

（傍線は引用者による）

　東京大学が国語の問題を通して求めていることは、高等学校までの学習によって習得したものを基盤に「自己の体験総体を媒介に考えること」ができる力であることが分かる。また「文章を筋道立てて読み取る読解力」と「それを正しく明確な日本語によって表す表現力」のインプットとアウトプットの両面を総合的な国語力の中心に据え、受験生の「自らの体験に基づいた主体的な国語の運用能力」を問う問題を作成することとしている。

　京都大学、東京大学の例からも分かるように、またこの両大学に限らずとも、大学側が求めている資質・能力が単純な知識や技能に偏ったものではないことは明らかだろう。その一方で、高等学校での国語の授業が、「読むこと」つまりインプットに偏重した傾向があることは既に確認したとおりである。

　今回の高大接続改革の、とりわけ大学入学者選抜改革のねらいの一つとして、このような大学側が求めている資質・能力の理想と、現在、高等学校で行われている教育の現状とのギャップを埋めるねらいもあるのではないだろうか。現行の大学入試センター試験と各大学の個別試験が果たしていた役割を否定するのではなく、大学の求める資質・能力を「大学入学共通テスト」と各大学の個別試験の双方合わせて総合的に測れるように再整理をすることで、高等学校教育の現状に対しての波及効果をねらっているものと考えられる。

135

# 3 新しい大学入試と国語科の授業 —教材中心から資質・能力中心へ

## 問いたい資質・能力と入試問題との関係

平成30（2018）年3月に新しい高等学校学習指導要領が公示された。これにより、平成29（2017）年に公示された幼稚園教育要領、小・中学校学習指導要領とともに、初等中等教育の学びの連続性が一層明確化され、知識の理解の質を高め、資質・能力を育む「主体的・対話的で深い学び」を推進していく全体像が明らかになった。国語科においては、平成28（2016）年12月の中央教育審議会答申を踏まえ、「話すこと・聞くこと」、「書くこと」、「読むこと」といった活動領域の内容を構造と内容の把握、精査・解釈、考えの形成、表現といった学習過程を意識して再構成し、小・中・高等学校を通じて、系統的に資質・能力が育成されるように示されている。

これまで特に高等学校においては、子供たちに「何を教えるか」、「何を理解したか」を重視した授業が多くなされてきたと言えよう。それに対して、新しい学習指導要領で、子供たちに必要な資質・能力を育んでいくためには「なぜ学ぶのか」、そして学んだことを通じて「何ができるようになるのか」という学びに対する本質的な意義を明らかにした再整理がなされている。

### ● 大学入学共通テストの枠組みとは？

新しい大学入学者選抜の考え方についても、新しい学習指導要領が資質・能力から再整理されたことと同様に、資質・能力を問うための試験という位置付けがとられていることは、平成30（2018）年3月に大学入試センターより公表された「大学入学共通テストの導入に向けた試行調査（プレテスト）（平成29年11月実施分）の結果報告」[7] の別冊資料「大学入学共通テストの導入に向けた試行調査（プレテスト）（平成29年11月実施分）設問別のねらい及び正答率（確定値）」の中に掲載された「【国語】作問のねらいとする主な『思考力・判断力・表現力』、及びそれらと出題形式との関係についてのイメージ（素案）」（以下「資質・能力表」と示す）からもうかがうことができる。

# 【国語】作問のねらいとする主な「思考力・判断力・表現力」、及びそれらと出題形式との関係についてのイメージ（案）　【検討中】

※ 作問のねらいの確認・分析の結果及び高等学校学習指導要領の見直し等の内容等を踏まえ、更に精査する。

※ 作問のねらいとする主な「思考力・判断力・表現力」と出題形式との関係は、例として挙げているものであり、問い方や場面設定等によっては別の出題形式での問いも検討する可能性もありうる。

※ ここでの「テクスト」は、文章、及び、文章になっていない断片的な資料、言葉が含まれる図及びその他以外の情報を含む。

※「話すこと・聞くこと」の領域も含め、今後、設定する。

| | | <読むこと>【構造と内容の把握】（叙述に基づいて、文章の構造や内容を把握すること）【精査・解釈】（構成や叙述などに基づいて、精査・解釈すること） | <読むこと>【文章を様々な面で理解すること】 | <書くこと>【題材の設定、情報の収集】【内容の検討】（意図に応じて題材を決め、情報を収集し、整理して、自分の考えを形成すること） | <書くこと>【構成の検討】【記述】【考えの形成】【推敲】 |
|---|---|---|---|---|---|
| 大学入学共通テスト 「思考力・判断力・表現力」を問いたい | テクストの内容や解釈を解答させる問題 | ① テクストの部分を把握・精査・解釈して解答する問題 〔選択式／短答式〕<br>テクストの部分に書かれていること（構造や内容）を把握、精査・解釈することができる<br>（例）<br>・テクストにおける語句の意味や文章の内容を読み取ることができる<br>・テクストにおける文や段落の内容を、接続の関係を踏まえてとらえることができる<br>・テクストの特定の場面における人物、情景、心情などを解釈することができる | | | |
| | | ② テクストの全体を把握・精査・解釈して解答する問題 〔選択式／条件付記述式〕<br>テクストの全体に書かれていること（構造や内容）を把握、精査・解釈することができる<br>（例）<br>・テクスト全体における書き手の考えとその全体像をとらえることができる<br>・目的等に応じて情報を関連付け、テクスト全体の要旨をとらえることができる<br>・テクスト全体における人物相互の関係や心情の変化などについて考察し、共通点や相違点を関連付けることができる<br>・テクストの全体を通じて対比されている事柄について考察し、表現の仕方などを評価することができる | | | |
| | 考えを解答させる問題 | ③ テクストの精査・解釈に基づく考えを解答する問題 〔選択式／条件付記述式〕<br>テクストに書かれていること（構造や内容）を把握し、テクスト全体から構造・解釈した上で、テクスト全体から読み取ることができる<br>（例）<br>・テクストを踏まえ、推論による思考の抽出や、既有知識の経験による情報の関連付けなどを行って、テクストに対する自分の考えを説明することができる<br>・テクストを踏まえ、目的として示されている目的に応じて、必要な情報を関連付けたり調整したりして、自分の考えを説明することができる<br>・テクストに含まれる情報を統合したり構造化したりして、内容を総合的に解釈して、テクストに対する自分の考えを説明することができる | | | |
| | | ④ テクストの精査・解釈を踏まえた考えを発展させて解答する問題 〔自由記述式／小論文〕<br>テクストに書かれていること（構造や内容）を把握した上で、テクスト全体から読み取ることができる<br>（例）<br>・テクストにおける書き手の考えを踏まえ、テクストに示されたテーマについて自分の考えを論じることができる<br>・テクストに示された自分のテーマについて、仮説を立てて、既有知識や経験を具体的に挙げながら、自分の考えを論じることができる<br>・テクストに示された自分のテーマについて考え、自分自身の関わりを考え、自分自身の問題として論じることができる | | | |

この「資質・能力表」については、「大学入学共通テスト」の国語の問題公表過程で、少しずつ形を変えながら提供されているものであるが、現段階では上記のように整理されている（なお、この「資質・能力表」については、試行調査の検証・分析の結果及び高等学校学習指導要領の見直しの内容を踏まえ、さらに整理を進めることが明記されていることを付記しておく）。

「資質・能力表」では、横軸に「読むこと」、「書くこと」の学習過程をおき、縦軸に出題形式を「テクストの内容や解釈を解答する問題」と「考えを解答する問題」に分けて整理している。さらに出題形式を以下の４種類に区別している。

①テクストの部分を把握、精査・解釈して解答する問題
②テクストの全体を把握、精査・解釈して解答する問題
③テクストの精査・解釈に基づく考えを解答する問題
④テクストの精査・解釈を踏まえて発展させた自分の考えを解答する問題

「テクストの内容や解釈を解答する問題」については①、②の問題を、「考えを解答する問題」については③、④の問題を分類しており、その上でそれぞれの問題に代表的な出題形式を吹き出しで示し、さらに具体の問題の例を横軸に示した「読むこと」、「書くこと」の学習過程と対応した表内に示している。

「資質・能力表」で示されている問題の例を見ると、①、②の問題については、これまでの大学入試センター試験をはじめとするマークシート方式の問題や、短答式、条件付き記述式の問題で問うことのできる問題形式である。

これに対して、③、④の問題については、テクストの内容の理解から一歩踏み込み、考えを記述させる問題として整理されている。③については、書き手、自分を問わずに「考え」を解答する問題、④については、「考え」の中でも特に「発展させた自分の考え」を解答する問題と区別がされている。この整理の仕方で考えると、③の問題については大学入試センター試験や個別試験でも出題が見られる問題、④については解答の自由度が高い小論文や総合問題で出題が見られる問題と大別することができるだろう。

特に③の問題については、後に詳述する「大学入学共通テスト」の記述式問題の一部として位置付けられている。また、ここ数年の個別試験の問題においても、思考力・判断力・表現力を問うことのできる新傾向の出題として、様々

な工夫が実際に散見されるようになってきている問題形式である。

## ● 新傾向の大学入試問題とはどのような問題か？

　実際の問題例で見てみよう。次に示すのは、平成30（2018）年の早稲田大学教育学部の入試問題の一部である。問題文のテクストは、田中仙堂『岡倉天心「茶の本」をよむ』からとられている。岡倉天心が英語で記した『茶の本』を邦訳した文とそれを解説した文章であり、解説の中にはバジール・ホール・チェンバレンによって1890年に刊行された『日本事物誌』（外国人旅行者向けに英語で書かれた日本百科事典）の引用部分が含まれている。

> 問　次の文章は、岡倉天心が英語で著した『茶の本』（一九〇六年）について解説を加えたものである。ここでは、冒頭の四角で囲った箇所が『茶の本』からの邦訳部分、そのあとがそれに対する解説である。これを読んで、あとの問いに答えよ。（問題文略）
>
> 問十三　傍線部4「茶道は『哲学』であると反論している」とあるが、天心とチェンバレンでは、茶道・茶の湯に対する捉え方がどのように異なるか。その点を簡潔にまとめた次の文の空欄に当てはまる語として最も適切な漢字一字を、記述解答用紙の所定の欄に記せ。
>
> 　　天心は、「茶道」は倫理・宗教と一体化した形で日本人の生き方そのものと深くかかわるものと捉えているが、チェンバレンは、「茶の湯」をあくまでも日本文化の［　　　　　］の問題として評価している。

　この問題は「資質・能力表」の分類の「③テクストの精査・解釈に基づく考えを解答する問題」に当てはまる問題と言える。田中が解説した文章の傍線部の考えについて、天心の『茶の本』の主張とチェンバレンの茶の湯に対する評価について理解した上で、出題者がまとめた文の一部を補うという出題となっている。

　問題文は一つの出典からのテクストではあるが、複数のテクストの内容とそれぞれの関係を捉えることを求めており、「資質・能力表」の問題例として示されている「テクストに含まれている情報を統合したり構造化したりして、内

139

容を総合的に解釈し、テクストに対する考えを説明することができる」力をはかる問題に該当する。この問題で問われている「考え」とは、出題者がまとめた内容に沿って、天心とチェンバレンの考えを比較してまとめることである。

　次に平成28（2016）年の信州大学教育学部前期日程の入試問題を見てみよう。問題文のテクストは、山極寿一「家族とコミュニティー」（『毎日新聞』2012年9月2日）からとられている。次に問題の一部を示す。

---

　問六　傍線部D「家族の崩壊は、自己のアイデンティティーの危機」とあ
　　　　るが、筆者のこの主張は肯定できるか。自分の立場を表明し、本文
　　　　の内容に基づいてその根拠を説明しなさい。

---

　この問題も「資質・能力表」の「③テクストの精査・解釈に基づく考えを解答する問題」に当てはまる問題と言える。「資質・能力表」で示されている問題例の「テクストを踏まえ、推論による情報の補足や、既有知識や経験による情報の整理を行って、テクストに対する考えを説明することができる」力をはかる問題に該当する。筆者の主張を理解した上で、その主張に対する「自分の立場」を明らかにして、テクストの内容に基づいてその根拠を説明することで、自分の「考え」と根拠の関係を明らかにできる力を求めている。

## ● 新しい大学入試に対応する授業とは？

　「資質・能力表」で整理された「①テクストの部分を把握、精査・解釈して解答する問題」、「②テクストの全体を把握、精査・解釈して解答する問題」に対応するためには、提示されたテクストの内容を正確に把握し、精査・解釈する経験を積ませる授業が効果的であろう。2節で紹介した渡辺・島田（2017）が行った調査で対象の大学生が高等学校に授業で「学ぶ機会が多かった」と回答した「読むこと」の指導事項を扱う授業が相当すると考えられる。

　一方、「③テクストの精査・解釈に基づく考えを解答する問題」や「④テクストの精査・解釈を踏まえて発展させた自分の考えを解答する問題」で問われている資質・能力を育成する授業とはどのようなものになるのだろうか。それはそのような類似の入試問題の過去問題や「大学入学共通テスト」のモデル問題、試行調査で示された問題と似通った問題の演習を繰り返すことだろうか。

決してそうではないだろう。1節で述べた、今回の大学入学者選抜改革の背景と全体像を踏まえ、「大学入学共通テスト」と各大学の個別選抜との双方の制度の限界と性質を理解した上で、多面的・総合的評価を目指す大学入試問題に対応できる授業づくりという観点での授業改革が必要となるだろう。

このような授業づくりの視点として重要なポイントは、問われている資質・能力を鍛える場面をどのようなテクストを活用して位置付けることができるか、教室の生徒の状況に合わせて、どのような多様な経験を積ませていくことができるかということである。具体的には次のような視点が挙げられる。

・教材を教えるだけでなく、単元でどのような力を身に付けさせたいか、そのためにどのような教材をどのような場面で用いるのが効果的かを考える。
・習得・活用・探究という学習サイクルを意識して、その一部だけに偏ることなく、バランスよく「主体的・対話的」な多様な学習活動を経験させる。
・各学校の教育目標や生徒の状況を踏まえて、教員同士の協働した授業研究を通して、教材の活用の場面や与える教材の種類等を工夫し、その蓄積を図る。
・多面的・総合的な入試の趣旨を踏まえて、国語科だけでなく、他の教科や学校の教育活動を通して、習得・活用・探究の多様な場面を設定する。

もちろん、このような発想の授業についても既に高等学校国語科における授業改善の方向性として認知されてきており、多数の優れた実践が報告されている。今回、資質・能力ベースで再整理された新しい学習指導要領の周知が進むにつれて、さらにこのような授業改善の流れは一層加速することになるだろう。

# 4 （記述式・マークシート式）問題例のねらい

## 内容の読み取りにとどまらない論理的思考、考えの育成

「大学入学共通テスト」の国語の問題については、平成29（2017）年５月および７月に実用的な文章等を素材とした記述式問題のモデル問題が２問、マークシート式問題のモデル問題が２問公開されている[9]。また、同11月に実施された試行調査（プレテスト）の問題として、記述式問題１問、マークシート式問題４問が公開されている[9]。

4節では、平成29（2017）年11月に実施された試行調査（プレテスト）（以下、「試行調査」）の問題から記述式問題とマークシート式問題を１問ずつ、計２問を取り上げて、大学入学を志す最も多くの受験生が受験する「大学入学共通テスト」に向けての検討状況について考えてみる。なお、この「試行調査」の問題については、大学入試センターは、平成30（2018）年３月「大学入学共通テスト導入に向けた試行調査（プレテスト）（平成29年11月実施分）の結果報告」[7]（以下、「結果報告」）の中で、「試行調査の中で出題される問題は、あくまでも検証のためのものであり、今回の問題構成や内容が必ずしもそのまま平成32年度からの大学入学共通テストに受け継がれるものではないという点に留意」と示されており、実際の「大学入学共通テスト」とは異なる可能性があることを付記しておく。

### ● 記述式問題は何をねらっているのか？

「大学入学共通テスト」の国語の記述式問題の導入については、平成29（2017）年７月に文部科学省が公表した「高大接続改革の進捗状況について」[10]の中で示している「大学入学共通テスト実施方針」（以下、「実施方針」）で、評価すべき能力・問題類型等について、次のように示している。

> 多様な文章や図表などをもとに、複数の情報を統合し構造化して考えをまとめたり、その過程や結果について、相手が正確に理解できるよう根拠に基づいて論述したりする思考力・判断力・表現力を評価する。

設問において一定の条件を設定し、それを踏まえ結論や結論に至るプロセス等を解答させる条件付記述式とし、特に「論理（情報と情報の関係性）の吟味・構築」や「情報を編集して文章にまとめること」に関わる能力の評価を重視する。

この「実施方針」を受けて、実施した「試行調査」の国語の第1問、記述式問題の問題文とねらいは次の通りである。

---

**第1問** 青原高等学校では、部活動に関する事項は、生徒会部活動規約に則って、生徒会部活動委員会で話し合うことになっている。次に示すものは、その規約の一部である。それに続く【会話文】は、生徒会部活動委員会の執行部会で、翌週行われる生徒会活動委員会に提出する議題について検討している様子の前半部分である。後に示す、執行部会で使用された【資料①】〜【資料③】を踏まえて、各問い（問1〜3）に答えよ。

......................................................

問題のねらい

　現代の社会生活で必要とされる実用的な文章のうち、高校生にとって身近な「生徒会規約（部活動規約）」等を題材としている。それらを踏まえて話し合う言語活動の場を設定し、複数の資料を用いることにより、テクストを場面の中で的確に読み取る力、及び設問中の条件として示された目的等に応じて思考したことを表現する力を問う。

---

　この問題文に続いて、「青原高等学校の生徒会部活動規約」と生徒会部活動委員会の4人の生徒と生徒会担当教員の会話文が示され、その話し合いの資料として、次の3点の資料が提示されている。

・資料①　…　部活動に関する生徒会への主な要望をまとめた表
・資料②　…　市内5校の部活動の終了時間をまとめた表
・資料③　…　部活動をテーマにした青原高等学校の学校新聞の一部

　これらのテクストを示した上で、問1から問3の各小問は、生徒4名と教師1名が話し合っている場面の中で、それぞれの話し手の立場と主張を踏まえて、これらの様々なテクストの情報を精査し、「論理（情報と情報の関係性）の吟

143

味・構築すること」や「情報を編集して文章にまとめること」を求めている。

　従来の大学入試センター試験や大学の個別選抜が問題文の素材として主に扱ってきた評論、小説といった文章とは異なるテクストが取り上げられたわけであるが、この問題においては、内容の読み取りにとどまらない論理的な思考や考えの育成の過程を問うというねらいが見てとれる。

　各小問の記述式問題の構造は、正答例を示した上で、その構成要素を文字数や文の数などの「形式的要件」と、内容に含まれる要素を分割した「内容的要件」に分けて示し、その適否を積み上げることで、正誤を段階に分けて判断する形式となっている（これらの問題の構造や採点の方法については、平成29（2017）年度と平成30（2018）年度の２回の試行調査を踏まえてさらに検証されることとなっている）。

　扱っている個々のテクストからも特徴を指摘することができる。第１問で素材として提示されている規約のテクストは、評論や随筆などの文章表現とは異なり、規約の特性上、繰り返しのない表現によって論理性が構築されているものであり、従来の大学入試の国語ではあまり見かけなかったテクストである。各小問でも、その論理性の理解を問う出題がなされている。

　例えば、問１は生徒会規約の論理の中から「当該年度に部を新設するために必要な、申請時の条件と手続き」を見つけて、50字以内で書かせる問題であった。「結果報告」によると、この問題の正答の条件のすべてを満たしている解答は43.7％、正答の条件の一部を満たしている解答は48.5％であった。「結果報告」で指摘されている解答の傾向をみると、問題で示されている「申請時」の「条件」と「手続き」と、「規約の条文」の関係についてその関係性をすべて適切に吟味して指摘することができなかった受験生が一定数いたことが分かる。

　今回の試行調査で扱われた種々のテクストの一つひとつは、従来の大学入試センター試験の評論や小説の素材文の難度と比較しても、決して難しいものではない。しかし、各小問の正答率や誤答例などのデータからは、多くの受験生が基本的な論理関係を指摘することに課題があったことを示すことができたと言えるだろう。

　その一方で、今回の第１問の各小問間では正答の条件をすべて満たしている解答と一部を満たしている解答の割合にはばらつきがあり、今後さらに各問いの出題の在り方について検討を進める必要があるのも事実である。

これらのことを踏まえて試行調査の問題を考えてみると、問いたい資質・能力に基づいてテクストを選択、提示して出題すること、それらを「形式的要件」、「内容的要件」に分けた正答の条件を設定し、その適否で段階別に区別することにより、「実施方針」の中で「多様な文章や図表などをもとに、複数の情報を統合し構造化して考えをまとめたり、その過程や結果について、相手が正確に理解できるよう根拠に基づいて論述したりする思考力・判断力・表現力を評価する」とした評価について、一定程度、その到達度を弁別することが可能であったと考えることができる。

## 実社会に生きる能力とテクストの関係

　今回の試行調査の問題は、「大学入学共通テスト」と各大学の個別選抜を一体的に改革する今回の大学入学者選抜改革の全体像の中で捉えると、大規模共通テストとして採点結果の公平性、正確性を担保することや、採点期間の制約がある中で、「大学入学共通テスト」として問うことのできる問題のモデルとして一つの形を示していると言えよう。このことは、記述式問題だけでなく、マークシート式問題の工夫、改善においても作問の工夫として表れている。

### ● マークシート式問題はどう変わったのか？

　マークシート式問題の作問の見直しについては、「実施方針」の中で、「次期指導要領の方向性を踏まえ、各教科、科目の特質に応じ、より思考力・判断力・表現力を一層重視」して改善を図るとしており、その留意点としては次のように述べられている。

> ・出題者が問題文で示した流れに沿って解答するだけでなく、問題解決のプロセスを自ら選択しながら解答する部分が含まれるようにする
> ・複数のテクストや資料を提示し、必要な情報を組み合わせ思考・判断させる
> ・分野の異なる複数の文章の深い内容を比較検討させる
> ・学んだ内容を日常生活と結びつけて考えさせる
> ・他の教科・科目や社会との関わりを意識した内容を取り入れる
> ・正解が一つに限られない問題とする

145

- 選択式でありながら複数の段階にわたる判断を要する問題とする
- 正解を選択肢の中から選ばせるのではなく必要な数値や記号等をマークさせる

　「試行調査」においても、これらの工夫がそれぞれの問題のテクストの提示の仕方や問題の問い方について見ることができる。例えば、第5問の漢文を主たるテクストとした問題を見てみよう。問題文と問題のねらいは次の通りである。

---

**第5問**　次の【文章Ⅰ】は、殷王朝の末期に、周の西伯が呂尚（太公望）と出会った時の話を記したものである。授業でこれを学んだC組は太公望について調べてみることになった。二班は、太公望のことを詠んだ佐藤一斎の漢詩を見つけ、調べたことを【文章Ⅱ】としてまとめた。【文章Ⅰ】と【文章Ⅱ】を読んで、後の問い（**問1～7**）に答えよ。なお、返り点・送り仮名を省いたところがある。

　<u>問題のねらい</u>

　漢文を題材として提示するだけでなく、生徒の言語活動の場面を想定し、関連する漢詩やその説明などからなる文章を題材とすることで、複数のテクストを比較することを通して、登場人物の心情や言動の意味等をとらえ、漢文を的確に理解する力を問う。

【文章Ⅰ】

呂尚蓋嘗窮困年老矣、以漁釣奸周西伯。西伯将出獵、卜之。曰「所獲非龍非彲非虎非羆、所獲覇王之輔」於是周西伯獵、果遇太公於渭之陽、与語大説。曰「自吾先君太公曰『当有聖人適周、周以興』子真是邪。吾太公望子久矣」故号之曰太公望、載与俱帰、立為師。

B

西伯獵 = 渭水の北岸。渭水は、今の陝西省を東に流れて黄河に至る川

（司馬遷「史記」による）

〔注〕
1 奸 — 知遇を得ることを求める。
2 太公 — ここでは呂尚を指す。
3 渭之陽 — 渭水の北岸。渭水は、今の陝西省を東に流れて黄河に至る川
4 吾先君太公 — ここでは西伯のことを指す。なお諸説がある。

【文章Ⅱ】

佐藤一斎の「太公垂釣の図」について

太公垂釣図　　佐藤一斎

譯被文王載得帰
一竿風月与心違
想君牧野鷹揚後
夢在磻溪旧釣磯

平成二十九年十一月七日
愛知樟高等学校二年C組一班

太公垂釣図
不本意にも文王によって周に連れていかれてしまい、釣り竿一本だけの風月という願いとは、異なることになってしまった。あなたは牧野で武将知略を尽くし彼を討伐した後は、磻溪の昔の釣磯を毎夜夢に見ていたことでしょう。

幕末の佐藤一斎(一七七二～一八五九)は、七十歳を過ぎてから昌平坂学問所(幕府直轄の学校)の教官となり、その時の門下生にはのちに文王・西伯と出会い、周に仕えますが、軍師として活躍し、周の天下を餓らうものとしました。しかし、その本当の思いは、C 佐藤一斎の漢詩には、太公望が釣りをしていた頃のことを詠んだ漢詩があります。
ある説として、この漢詩は佐藤一斎が七十歳を過ぎてから昌平坂学問所(幕府直轄の学校)の教官となり、その時の自分の心境をさしているとも言われています。

〈コラム〉
太公望＝釣り人
【文章Ⅰ】の、西伯と太公望の出会いから、文上との出会いで釣りをしていた人物であったからという由来で、今では釣り人のことを太公望と言います。これとは違う意味に使われています。

狩野探幽画「太公望図画」
日本でも太公望が釣りをする絵画がたくさん描かれました。

問1から問7の各小問の中には、漢文を理解するための知識を問う問題も含まれるが、この問題においても単に漢文の理解を問うだけにとどまらずに、実社会に生きる能力をはかる意図を読み取ることができる。

問題のねらいにあるように、【文章Ⅰ】の漢文を調べる言語活動を設定し、その活動の中で見つけた別のテクストである【文章Ⅱ】との比較を発表する場面の中で、各小問を考えさせることで単に知識や技能を一義的に問うだけでなく、思考力・判断力・表現力を活用しながら解答することができるような工夫を図っている。

実社会に生きる能力とは、1節で紹介した高大接続システム改革会議「最終報告」で指摘されている「『学力の3要素』を基盤に、自分に自信を持ち、多様な他者とともにこれからの時代を新たに創造していく力」であると言えよう。マークシート式問題の改善においても、この考えは生かされている。

第5問のように古典のテクストを素材としながらも、問題が見極めようとしている資質・能力は、提示された複数のテクストのそれぞれ意図と内容を比較することを通して、深く理解することを求めている。今回の「大学入学共通テスト」が、図りたい資質・能力をこの問題の中に位置付けて、その資質・能力

を測る適切な素材や場面を設定したことが推測できるのである。

● 「試行調査」はどのような問題だったのか？

「試行調査」の国語の問題について、「結果報告」の別紙には、ロバート・キャンベル国文学研究資料館長、中央教育審議会教育課程部会委員のコメントが示されている。その一部を示す。

「国語」では、従来のように受験生が教室で学んだ基礎知識の程度を計測するだけではなく、さまざまな題材を与え、整理させ、その過程で深められた思考の形跡を浮き上がらせることによって、受験生が主体的に何を学び、考えたかを試すことができることに最大の特徴がある。

この特徴を、設問に用いられた素材と解答方式の重層化から読み取ることができる。既発表の論説などを一元的に読解させるのではなく、ある素材を俎上にのせ、その素材をめぐる人びとの議論や問いかけを重ね、受験生にその議論などを含み込んだかたちで、素材の意味を考えさせるようになっている。読み解くために深められた思考の過程が見えるようにすることで、受験生一人ひとりが積極的に学ぶことの手ごたえや重要性を実感できる試験にはなっているように感じた。

設問の素材に図表や写真が含まれ、文章とともに、それらが的確に理解されているかどうか、あるいは文語表現が「単語」としてだけではなく、文脈の中で充分に読み取れているかどうかなど、記述式や複数選択の解答が導入され、主体的な学びを測る効果に重点が置かれている。これらの点は、高く評価したい。

今回の「試行調査」からうかがえる「大学入学共通テスト」が目指しているものは、今回の大学入学選抜改革を最も端的に表していると言えるだろう。その上で、大学入試制度全体が、高等学校に対してどのような生徒の育成を求めているか、その背景と目的を踏まえた授業改善が、新しい学習指導要領の周知とともに、一層進むことを願う次第である。

（渡邉本樹）

**【参考資料・文献】**
・明治書院（2018）『日本語学』平成30年３月号「新学習指導要領国語の方向性」明治書院
・伯井美徳・大杉住子（2017）『2020年度大学入試改革！新テストのすべてがわかる本』教育開発研究所
・東北大学高度教養教育・学生支援機構（2018）『個別大学の入試改革』東北大学出版会
・旺文社（2016）『全国大学入試問題正解　特別編集　思考力問題の研究』旺文社

**【引用資料等URL一覧】**
（1）高大接続システム改革会議（2016.3）「最終報告」
　　http://www.mext.go.jp/b_menu/shingi/chousa/shougai/033/toushin/1369233.htm
（2）中央教育審議会（2016.12）「幼稚園、小学校、中学校、高等学校及び特別支援学校の学習指導要
　　領の改善及び必要な方策等について（答申）」
　　http://www.mext.go.jp/b_menu/shingi/chukyo/chukyo0/toushin/1354191.htm
（3）国立大学協会（2017.11）「平成32年度以降の国立大学の入学者選抜制度－国立大学協会の基本方針－」
　　http://www.janu.jp/news/teigen/20171110-wnew-nyushi.html
（4）渡辺哲司・島田康行（2017）『ライティングの高大接続』（ひつじ書房）
　　http://www.hituzi.co.jp/hituzibooks/ISBN978-4-89476-875-8.htm
（5）京都大学「入学者受入れの方針（アドミッション・ポリシー）」
　　（http://www.kyoto-u.ac.jp/ja/education-campus/policy/ad_policy/policy.html）
（6）東京大学「入学案内『高等学校段階までの学習で身につけてほしいこと』」
　　（https://www.u-tokyo.ac.jp/stu03/e01_01_18_j.html）
（7）大学入試センター（2018.3）「大学入学共通テストの導入に向けた試行調査（プレテスト）（平成
　　29年11月実施分）の結果報告」
　　http://www.dnc.ac.jp/news/20180326-01.html
（8）大学入試センター（2017）「モデル問題例及びモニター調査の結果等」
　　http://www.dnc.ac.jp/daigakunyugakukibousyagakuryokuhyoka_test/model.html
（9）大学入試センター（2017）「平成29年度試行調査　試験問題等」
　　http://www.dnc.ac.jp/daigakunyugakukibousyagakuryokuhyoka_test/pre-test_h29_01.html
（10）文部科学省（2017.7）「高大接続改革の進捗状況について」
　　http://www.mext.go.jp/b_menu/houdou/29/07/1388131.htm

第 **4** 章

# 座談会

## これからの高校国語科を展望する

## はじめに──座談会の趣旨

**町田**　それでは、これから座談会を始めたいと思います。どうぞよろしくお願いいたします。2017年3月に小中学校の新しい学習指導要領が公示されたのに続いて、高等学校は2018年3月に公示されました。

　高校の先生方は良くも悪くもマイペースなところがあり、「学習指導要領さざ波論」などと言われる実態もあるようです。要するに学習指導要領が新しくなっても、せいぜいさざ波が立つ程度で、そのうちに収まってしまって結局は従来と何も変わらないような授業が続く、というようなことが多いのではないかと思われているわけです。まず、今回の高校の学習指導要領を見てみると、科目構成が大幅に変わっていることに気付きます。これは国語科だけではなくて地歴科や公民科などにも共通する傾向なのですが、国語科では現行の科目名で残るのが「国語表現」のみという、ある意味では非常に大きな改訂になっておりますので、さすがに「さざ波」では済まないのではないかという気もいたします。

　今日は高等学校の新しい学習指導要領をどのように理解したらいいのかということを含めて、特に高校の実情・現状を踏まえて、具体的な課題を明らかにした上で、新学習指導要領の特質はどこにあるのか、国語科の担当者としてどのように受け止めたらよいのか、どのように向き合っていくべきなのかという問題について、具体的に考える座談会にしたいと思います。

## 高等学校の現場の状況

**町田**　最初に、高校の現職の先生というお立場でお仕事をされている浅田先生に、高等学校の現状はどうなっているのか。今回公示された新しい学習指導要領を高校の先生方はどのように受け止めるのかという点を踏まえて、お話しいただきたいと思います。

**浅田**　高等学校の場合、いわゆる偏差値で「輪切り」にされているような実状だとか、あるいは学校に設置されている学科が普通科か専門学科か総合学科か、といったことなどによって、学校ごとにそれぞれ特色があるわけですが、いずれの場合でもおそらく出口、すなわち進学や就職へ向けての準備、場合によっ

てはトレーニングといった感じのことがずいぶん行われてきているわけです。それに応じて教科書も教材ベースに編集されていたり、あるいは多少問題演習的な要素を入れたようなものまであるという状況です。

例えば大学等への進学を考えている普通科の生徒が多い学校は、どのような授業をやることが多いかというと、「国語総合」では教科書が「現代文・表現編」と「古典編」に分かれていて、「現代文・表現編」の後ろのほうにある

浅田孝紀（東京学芸大学附属高等学校）

「表現」の部分はちょっと使う程度で、それよりも前のほうの現代文の教材の読解がかなり微細に行われているというのが大体の実状かと思います。古典に関しても同様だと思います。一方で、そこまで必要ではない学校の場合だと、比較的易しいものを読みつつ、漢字や文章の書き方のトレーニングをやっているところがかなり多いように思います。

私もこれまでいくつかの学校に勤めてきましたが、多いのは教材の読解で、ある程度それに教員側が縛られてしまうことです。例えば古典であれば、どうしても1年生でこの作品とこの作品はやっておかないと、2年生でこれはやっておかないと、というようなものがカリキュラムや指導計画をつくる上でかなり重要な要素になってきています。現代文でも同じです。

ところがそうではないような学校だと、「古典なんていらないよ」という生徒たちには特別なことをあまりやっていない。例えば文法の指導などは後回しにして、ひたすら親しませる。一方で漢字の練習や、実用文がちゃんと書けるようにさせるという形でのトレーニングが多かったりして、二極化している傾向が強いと思います。その二極化の中で、目指すところが結局は出口になってしまっているのは、授業を受けている生徒たちの育っていくプロセスを見ているよりは、その先の実績などにどうしても振り回されてしまっているところがあろうかと思います。

結局これは教材ベースなんですね。例えば「国語総合」の現代文分野であれば、進学校系なら文章の読解。そうでない学校なら表現する内容と書き方について、教科書や副教材を使ったトレーニングが多くなっているかと思います。

それはおそらく、多くの現場の先生方がそういう指導に慣れているからだと理解しています。

　新学習指導要領では、これが資質・能力ベースになっていきます。「主体的・対話的で深い学び」ということで、私個人は歓迎する立場なのですが、注目すべき点としては、まず学習指導要領の「国語」の前に「総則」があります。今回の指導要領は「総則」をしっかり踏まえた上で、各教科のものを読むことが重要だと伺っているのですが、「総則」の内容に、例えば学校段階間の接続についてわざわざ書かれており、中学から高校へ、高校からその上へというようなことがしっかり書かれています。それから、教育課程全体として「主体的・対話的で深い学びの実現に向けた授業改善」ということが明記されていて、これらは例えば「学校図書館を使う」などというようなことまで全部含めて各教科の内容へとつながっていくわけです。

　従来、学習指導要領の改訂のときには、各教科の自分の教科のところしか見ていない場合が多いと思うのですが、まずこれを踏まえた上で各教科も見ていく必要がある点では、指導要領の書き方自体にも注目すべきだと思います。それから国語全体としても、どの科目も、例えば「比較する」とか、「表現する」とか、「読書をさせる」というようなことがくまなく入っていますし、実社会との関連を重視しているわけです。例えば進学校では大学入試問題に対応できれば、実社会とは乖離していても済まされるようなところがありました。しかし、今回はそれがもう許されないことになっていくのかなと思います。

　私たち教員はこれを前向きに捉えていかないといけないだろうと思います。新学習指導要領の中で、例えば図表などとの比較、非連続型テキストとの比較、あるいは「言語文化」に現代の文章と古典の文章の両方を入れるとか、他の科目でも古典の文章が少し入ってくるというようなことがありますし、演劇や映画といったいわゆるサブカルチャーを積極的に取り入れていく面が、これまでにないぐらい強まってきているところがあります。これに現場の先生方は多分驚いてしまうだろうと思います。しかし、これは世の中がそれだけ大きく変わらなければならないというメッセージではないかなと考えています。

## 新学習指導要領で注目すべき点

**町田** いま浅田先生からは高校の現状について具体的な分析をしていただいた上で、新しい学習指導要領で注目すべき点をいくつか挙げていただきました。特にサブカルチャーの問題などは、個人的にはとても関心があります。

高山先生は現在大学にご勤務ですが、特に公立高校の勤務経験が豊かでいらっしゃるお立場から、いまの浅田先生のご発言を受けて、新しい学習指導要領で特に注目すべき点を、続けて挙げていただきたいと思います。

高山実佐（國學院大學）

**高山** 公立高校での期間は長く、いわゆる中堅の普通科高校や進学指導重点校、工業高校や商業高校などの専門高校にも勤務いたしました。その上で今回の新しい学習指導要領について、先ほど浅田先生の出口に向けての指導というお話もあったのですが、やはり工業高校や商業高校ですと、新学習指導要領の「現代の国語」にあたるような実社会に生きて働く言葉の力が求められますし、生徒たちも私たち教員もそれが必要だろうということを強く思っていました。

進学希望者の多い高校に勤務していたときには、新学習指導要領の「言語文化」で教材となるような文章を読解する力が求められていて、いわゆる「教養」も含めて「大学入試を突破できる力」を、特に生徒や保護者が必要としているという印象が強くありました。そんな中で必履修科目が「国語総合」一科目から二つの科目になったことは、やはり一番に注目すべき点で、高校の現場の先生方にとって最も大きな衝撃だと思います。

工業高校で古典を教えていた際に、「これが何になるんだよ」「先生、古典語でしゃべってみて」などと言われたことを思い出しますが、「言語文化とは、古典とは何なのだろうか」ということを、大変悩みながら一緒に勉強したということがありました。「そんなに勉強が好きなわけではないけれど、社会で働くために困らない言葉の力をつけてほしい」という生徒のニーズに合わせるのは工夫のしがいがありましたが、生徒の興味・関心がない中で言語文化の内容を学習させるのは難しかったかなと思います。

逆に進学校ですと、言語文化に関しては割とすんなりいきますが、「話すこと・聞くこと」や「書くこと」を学習内容とするときには、ずいぶん抵抗が強かったように思います。例えば「それが定期テストや入試のために何の意味があるのか」などということをよく言われました。今回、二つの共通必履修科目になるということで、それぞれを学ぶ意義について、生徒たちと一緒に教員がきちんと考えながら授業をしていくことが最も大切なことだと思っています。

　さらにもう二つほど指摘しますと、知識・技能について、非常に細かく挙げている点。つまり言葉の特徴や使い方、情報や言語文化、読書を含めてその内容を大変明示的に記しているということ。あとは現行の学習指導要領でも言語活動例は挙がっていたのですが、それが更に詳細になっている点。これらが、新学習指導要領で注目すべきことだろうと思いました。

## 新学習指導要領の目指すもの

**町田**　高山先生からは、2009年公示の現行の高校の学習指導要領との比較なども話題になりました。そして、高校の授業を担当されたときの学習者の状況について、ご紹介いただくことができました。

　続いて幸田先生にお尋ねします。幸田先生はいま大学でお仕事をされていらっしゃいますが、高校のご経験も豊かでいらっしゃいます。いま浅田先生と高山先生から出た話題を踏まえていただいて、現行の学習指導要領と比べ、特にどのような点が変わってくるのか、どこがどのように改訂されているのか、というところを具体的にお話しいただきたいのですが、いかがでしょうか。

**幸田**　今回の改訂は、恐らく本学会が追究してきた国語単元学習に非常に近いものになっていくのではないかというイメージがあります。というのも、国語単元学習は、あらゆるものが教材になる。これは歴史的にも明らかだと思います。先ほど浅田先生と高山先生もおっしゃいましたが、「教材ベース」から「資質・能力ベース」へというのが、これまでと違う最大のポイントだろうと思います。教材を教えるのではなくて、教材を活用してどのような資質・能力を育むのか。この方向に向かって一気に転換したということで、現場の先生たちの衝撃も非常に大きいのではないかと思います。

　というのも、特に必履修科目が二つに分かれたこと。これはなぜ「国語総

合」では駄目なのかということですよね。多くの学校では「国語総合」も現代文と古典に時間割を分けて展開している。あるいは、教員採用でも、私立の学校などでは国語でも「現代文分野」と「古典分野」を分けて採用している。そういう実態からすると、今回の改訂は、これまでの枠組みを相当揺るがす衝撃度を持っている改訂だと思います。

幸田国広（早稲田大学）

ですので、冒頭に町田先生の「さざ波論」というご発言もございましたが、今回は、さすがに「さざ波」では終わらないのではないか。というのは、もう一つは、入試改革と一体になって進んでいることが大きいからです。今までは小・中学校が変わってもどうしても高校がストップをかけてきた。社会が求めるものと乖離している。それがいよいよ大学に及んできたわけですね。

大学はどこの大学でも初年次教育で、本当は小中高でやらなければいけないような読み書きを教えている。さらには就職活動のときに、コミュニケーション能力が問われる。これは本来、高校の国語科が担うべき仕事ではないか。だとすると、社会が求めている方向と、小中高の教育の方向性を順接させようというところで、ストップをかけていた大学入試にいよいよ手が入ったというところが、かなり大きいと思います。このあたりと連動しているというのが、これまでの学習指導要領の改訂と決定的に違うところではないかと思います。

## 教科書はどのように変わるのか

**町田** ありがとうございました。非常に大切なことをいくつかお話しいただいたと思います。幸田先生が今おっしゃったように、新学習指導要領では「教材ベース」から「資質・能力ベース」へ、これはよく「コンテンツ・ベース」から「コンピテンシー・ベース」へと言われていますが、そういう考え方があること。そしてもう一つは、大学入試改革の問題も話題になりました。この問題は座談会の中で後ほど話題にできればと思いますが、幸田先生のお話の中では、国語科では教材がこれまで重視されていたという状況が大きく見直されている

ということが明確になりました。高校の先生方は当然、今回の改訂によって教科書はどうなるのかという問題には強い関心をおもちではないかと思います。そこで、今度は教材の問題、そして教科書の問題に話題を移して、これまでに出された話題を踏まえていただきながら、新しい学習指導要領に即した国語の教科書はどのように変わっていくのかという問題を取り上げてみたいと思います。

　実は山下先生は、現職の前には教科書に関わるお仕事をされていらっしゃいました。そういうお立場も含めて、教科書の現状についての問題を少し整理していただいて、今後はいったいどうなるのかというところについてご示唆をいただければと思います。

**山下**　いま幸田先生がおっしゃったように、今度の改訂はまさに「資質・能力」をベースにして、単元をつくりながら教科書を作っていく。今までは教材を選んで、それを並べて教科書にするという感じだったのですが、これからは単元をまず構想する。要は資質・能力を付けるための単元を構想し、その能力を付けるためには、どのような教材が適切かという考え方に変わっていくというところで、まずはそういう意味でも、単元学習の考え方にかなり近づいていると言うことができると思います。

　もう一つは、内容の取り扱いのところで、「言語文化」にしても「現代の国語」にしても、読むことの学習に取る時間が内訳で示されたことですね。「現代の国語」は70時間のうち10〜20時間が「読むこと」。10〜20時間しかなくなった。それは当然、いままでのように読むことを中心とした教材集みたいな教科書では、そういったねらいには対応しきれないだろうということです。また、「言語文化」のほうは、「話す・聞く」はないのですが、「書くこと」が10〜20時間で、残りのうち45時間は古典と絡ませながら行う。そして近代以降のものは、やはり20時間ぐらいしかない。つまり、今まで「国語総合」というと、まず近代以降の評論があり、文学作品があり、まずそれをやってから表現的なことをやるというイメージだったと思うのですが、そういったものが抜本的に変わるということが、学習指導要領を見る限り、ねらわれているのかなというような印象になるということです。

　あともう一つは、先ほど幸田先生がおっしゃられた「資質・能力から単元をつくっていく」ということですが、これはちょっと細かい問題かもしれません

けれども、非常に重要な点だと思います。というのは、今回の学習指導要領の改訂の中で、言語活動は定着したけれども、その活動でどんな力を付けているかが明確でないので、資質・能力を明確にしていくという考え方だったと思います。

山下直（文教大学）

　それは裏を返すと、教科の枠組みを非常に重視しているということです。逆に言うと、20年版で「どの教科でも全部言語活動をやる」といったときに、教科の垣根がだいぶ低くなったように思われるのですが、今回は教科ごとの資質・能力を明確にしようとすることで、逆に教科の垣根が高くなってしまった。

　そこで大事なことは、20年版の「言語活動の充実」の理念はそのまま引き継がれているということです。資質・能力のほうにあまり行きすぎると、教科同士の枠組みや垣根が高くなってしまうことが懸念されますが、教科書がどうなろうと単元学習の考え方をもって、実践に取り組んでいくことが大変重要になってくるのではないかと考えています。

**幸田**　山下先生、ズバリうかがいます。教科書は変わるんでしょうか。

**山下**　非常に難しいですね。浅田先生が初めにおっしゃったと思いますが、現場の教員は変化にそのまま付いてくるというのが難しくて、できるだけ今までのようにしたいということがあります。教科書を変えてしまうと売れなくなってしまうから、教科書会社は売れないと意味がない。そうすると、いままでのイメージを残しつつ変えるという非常に難しい問題があるわけですが、逆に幸田先生がどういうふうに思ってらっしゃるかお考えをぜひお伺いしたいです。

**町田**　教科書会社も、まさにいま、大いに悩んでいるのではないかと思いますが（笑）。

**幸田**　ボールが帰ってきちゃいました（笑）。そこが今回の成否を分ける大きなポイントだろうと思うんですよね。教科書会社は売れなければ困るわけですが、しかしどうなんでしょうかね。ここで新学習指導要領に沿ったもの、つまりアリバイづくり的にではなくきちんと理念と趣旨に沿ったものを作ることで現場を、ひいては日本の教育を変えていく、それができるかどうかという大き

な曲がり角に立っていると思います。

「資質・能力ベース」とは言いながらも、やはり高校の現場は慣れていませんし、現行の「国語表現」の教科書の一部など、ある程度そういう資質・能力に焦点が当てられている教材はあるはずなので、そういう教材の見せ方や示し方、課題の提示の仕方、あるいは学習活動の流れが見えるようなつくりとか、そのあたりをぜひ教科書会社には工夫して作ってほしいと思っています。

**山下** そういう意味では、もう少し義務教育の教科書を高校の先生もよく見て、どうなっているのか検討することは大事かなという気はしますよね。

**浅田** あともう一つ考えられるのが、各出版社が出す副教材ですね。先日、まるで今までの教科書のような副教材を見せられましたが、そういったものを使って例えば「現代の国語」「言語文化」という科目の中でこれまで通りのことをやられると、新学習指導要領は骨抜きになってしまうと思いますし、本当の意味で生徒のためにはならなくなるだろうと思います。ただ、それは大学入試が変わらないと、おそらく現場の教員がこれに合わせてやっていくであろうことも容易に想像できるので、教科書にはぜひしっかり変わっていただいて、あとは残念な副教材を作っていただきたくないなと思っています。

## 高大接続改革を受けた大学入試

**町田** 幸田先生と山下先生が先ほどおっしゃったように、今回の改訂が単元学習の考え方に近くなってくるということですが、これも教材開発という観点からはとても大切な要素ではないかと思います。国語科の新しい科目の具体的な話題については、この座談会の後半で触れるとして、いま浅田先生からは大学入試の話題が出ました。最初の浅田先生のご発言の中にも、高校では「出口」をどうしても意識するというお話がありましたが、今回はご承知のように、大学入試の制度も大きく変わってくる。そこで高大接続改革という問題も、真剣に議論されているという現状もあります。

ご承知のように2020年度からは現行の大学入試センター試験が新しい試験に変わるという大きな変化もありますので、そうした出口の問題も相まって新学習指導要領の問題も、またいろいろ議論されてくるだろうと思います。そこで、高校でご指導いただいている浅田先生に、高大接続という点を受けて大学入試

が今後どうなっていくのか。モデル問題が既に公表されているわけですが、そういう資料もご覧いただいた上で、高校の担当者のお立場から大学入試、あるいは高大接続という点について、少しお話を伺いたいと思います。

**浅田** 私の肌感覚で言うとちょっと申し訳ないのですが、多くの現場の教員が、現状では共通テストのモデル問題が出てはいるわけですけれども、これと学習指導要領の実施年度が頭の中でリンクしていない人が多いように感じます。

[司会] 町田守弘（早稲田大学）

先日もあるところで話をしていた中で「センター試験が変わるよりも指導要領が変わるほうが後なんですか」と聞かれたので、「後なんですよ」と言ったらびっくりされました。

つまり、これは現場の教員の多くが、まだあまり実感していないのではないか。普段忙しい中で、これをじっくり読んでいられる状態ではないのだろうと想像するのですが、それにしても、まだそのあたりが周知徹底されていません。これから周知期間に入っていくわけですが、そういう意味では共通テストのモデル問題が、先に学習指導要領の精神を生かす形でつくられて公表されているというのは、かなり大きなカンフル剤になっていると感じています。

それで、大学入試というよりはまさに高大接続、要は高校から大学へのつながりということだけに絞って、予測とか見通しを考えていく場合は、発表された共通テストのモデル問題などを見て考えざるを得ないわけですけれども、その前に18歳人口の大いなる減少によって、様々な形式の入試が行われています。AO入試、推薦、その他特別入試のようなもの。こういった様々な入試があちらこちらの学校で行われると同時に、共通テストがあり、もう一つは、いわゆる一般入試が当然今後も行われていくだろうという中で、共通テストのモデル問題だけ見ていてもちょっと分からないというか、予測がつかない部分はあろうかと思います。

ただ、一方でAOなり推薦なりというものに対応していくプロセスの中では、さまざまな課題を与えて、それを解決していくとか、あるいは個々の生徒のそれまでの実績を高く評価していくといったことが、相当程度入ってくるかなと

思うんですね。これまでも入ってきているのですが、子どもが減っていますので、今後はそれをもっと重視せざるを得なくなるだろうと思います。一方、進学校では、国立大学の個別試験なり、私立の比較的難しい大学の入試問題がどう変わるかというところも、かなり見据えるだろうと思います。

　特にいわゆる一般入試が、共通テストのモデル問題の傾向からだいぶ離れて旧態依然としたものになってしまうと、今回の学習指導要領の精神は、だいぶ損なわれてしまうだろうと思います。そうなってほしくはないと思います。

　幸田先生のお話にもありましたように、「資質・能力ベース」で単元学習的なものを組み合わせ、３年間積み上げていく中で、その生徒がどんな特性を持っているかは今までより見えやすくなってくるだろうと思います。普通のペーパーテストだけでその子の学力を決められるようなものから、様々な方向へ能力を発揮させていくことができるような単元を組んでいくことへと変えていけるだろうと。そうなると、おそらくは推薦やAOといったところを第一の突破口にしながら、進学を巡る様相は、かなり変わってくるだろうなとは思います。その意味では、全体的には変わるだろうと。既に変わりかけていますが、いままで以上に変わるだろうと思います。あとは、いわゆる難関大学に入試問題を変えていただきたいなということしかないですけど。

**町田**　ありがとうございました。高大接続改革や新テストの問題について、ご発言があればぜひ続けてお願いいたします。

**山下**　共通テストの試行調査問題が出ましたが、全体的に変わっていくには、ちょっと時間がかかるかなと私は思います。どうしても入試を目当てに授業をおこなってしまうんだと思うんですね。でも、これからはそうではなくて、大学の教員も変わらなければいけなくて、結局、高校で勉強してきたことがそのまま大学でも生かせるようにしていかなければいけないし、高校でもそのように勉強してきた。大学はいい子を採りたいわけだから、今は従来のテストをやって、比較的点数のいい子なら大体いい子が来ると思っている。だけど、例えば高校の授業がどんどん変わって、能力に対する考え方が変わっていけば、大学の方も採りたい子を採るのに、いままでと同じ方法でやっていたら欲しい学生は来ないんだということになれば、変えざるを得ない。

　あとは、先ほども言いましたが、高校でやってきたことをそのまま大学でも生かせるような大学にならないと、生徒たちもそういう大学を選ばなくなって

いく。だから、ちょっとずつだと思いますが、そういうふうにして変わっていかざるを得ないのかなと思います。だから、入試問題が突然変わるということは、あまり期待できないかもしれませんけど、現状はそんなふうにして、徐々に変わっていくしかないのかなと思います。

**幸田**　二つのことを申し上げたいのですが、一つは、この流れで大学入試が制度としてどう変わっていくかということで言えば、これは大学のほうにかなりプレッシャーがかかっていて、どんな入試形態であっても、学力の3要素を踏まえなければいけない。これはかなり大きいですね。なので、AOや自己推薦入試、要するに推薦型の入試でも「知識・技能」や「しっかり考えること」、それに「表現」を見なければいけない。今までのようなAOや推薦ではなくなるということです。それから一般入試でも、今度は「主体性」や「学びに向かう態度」等のところを見なければいけないというふうになってくるわけですよね。そうすると、緩やかにではあっても、もう変わる方向にあることは間違いない。

　これは高大接続改革が、文科省の高等教育局と初等中等教育局がタッグを組んで、本腰を入れてやり始めたということなんです。だから、上からも下からも変えましょうとなっているから、変わらざるを得なくなっています。もちろん皆さんがおっしゃるように、一番時間がかかるのは一般入試で、特に私立だとは思いますけれども、これも問題の質も含めて、徐々にではあるけれども、まちがいなく変わっていくだろうと思います。

　というのも、今回の共通テストのモデル問題、それから11月に行われた試行調査で実態がだんだん分かってきて、世の中に浸透してきたのではないかと思いますが、今までの国語の入試問題と違うのは、素材文というレベルで見れば確かに記述問題は易しくすらっと読めてしまいます。「実用的な文章」が出ていますから。しかし、問われていることはすごく難しい。だから、試行調査で生徒の声も載っていましたが、「とても時間内で書ききれない」「どうまとめていいか分からない」と。国語教育関係者、特に現場の先生たちは「こんな程度のものをやるのか」と言うけれども、実際に自分たちが育てている生徒は、できないんですよね。この現実をよく見る必要があるのではないかと思います。

**浅田**　「あの程度のをやるの？」と言っている教員たちは、多分まだ自分で解いていないと思います。いかに解きにくいかということは、みんな知るべきだ

と思います。

**高山**　大学の入試問題で言えば、難度の高い文章を読み解く力ばかりをずっと求めてきたのだと思います。分かりやすい文章では問題にしづらい、というような。そうした入試を突破するための読解力だけでは、あのようなまとまった文章を書くことは難しいと思います。そこを大学側がどのように考えていくのか、すごくプレッシャーがあるとありましたが、大学にも求められてくるところです。でも、そこは大学の初年次教育にあるように、レポートや論文の書き方を改めて教えなければいけないのだったら、それを入試のときの一つの基準にすればいいことになるのではないかと、改めて思いました。

**町田**　大学入試に関しては、当然のことながら大学側の責任もきわめて重いということになると思います。


## 共通必履修科目「現代の国語」の実践的な課題

**町田**　それでは、続けて新しい学習指導要領の話題を、もう少し具体的に進めてみたいと思います。先ほど出ましたように、何といっても現在の国語科には「国語総合」という必履修科目が 1 科目あるわけですが、新しい学習指導要領では必履修が「現代の国語」と「言語文化」の 2 科目に分かれるという大きな変化があります。新学習指導要領が高校 1 年で実施となる2022年はまず必履修科目からスタートすることになると思いますので、ここでまず「現代の国語」の中身を具体的に見ていただいて、高校ではこの科目をどのように扱ったらいいのかというところを含めて、「現代の国語」の特徴について考えてみたいと思います。もう一つの必履修科目の「言語文化」、あるいは選択科目との関連などにも必要に応じて触れていただきながら、「現代の国語」についてお話をいただきたいと思いますが、幸田先生、いかがでしょうか。

**幸田**　「国語総合」ではなぜ駄目なのかということですが、答申その他で高校国語の課題としてずっと指摘されてきましたけれども、現状では、「話すこと・聞くこと」や「書くこと」の領域が十分に含まれていない。例えばこれらは、就職活動のときに大学生が最も苦労することなんですね。社会に出れば最も求められる能力であるし、本来やるべきことがやられていないということが大変大きな問題だろうと思います。

なぜやられていないのかということと合わせて、「現代の国語」の実践的な課題で言うと、これらの評価をどうするのかという点だろうと思います。高校の国語は、一言で誤解を恐れずに言えば、教材を読んでその内容を教えてきました。現代文にしても古典にしてもそうです。教材の内容を教えてきたというのが、高校の国語のほぼ全てだったと言っていいだろうと思います。したがって、定期テストはシンプルだった。授業で扱った教材について改めて問えば、それが試験になった。それが試験範囲という形で、生徒が試験前に学習する内容だった。その試験範囲を終わらせるために、先生たちは何時間もかけて、その教材の解釈を一生懸命丁寧に教えてきた。だから、「話すこと・聞くこと」、「書くこと」は、大事なのは分かっているけれども時間がないとおっしゃいます。

　ここにも大きな問題があると思うんですね。評価という観点からすると、実は「読むこと」も、「読む能力を測ってきたのか？」ということです。つまり、定期テストで測ってきたのは一体何なのか。どういう文章をどのように読めるのかということではなくて、実は授業内容の再現力だったり、授業内容をどの程度理解しているのかだったり、授業で扱った教材をどの程度理解しているのかということしか実は測ってこなかったのではないか。そういうふうにも思えてしまいます。

　ですから「現代の国語」では、「読むこと」についても、教材を教えるということではなくて、「どういう読む力を育てるのか」に焦点が当たっています。これは「知識・技能」で、例えば「情報の扱い方」の中に、推論の仕方とか、主張と論拠の関係などのものが入っています。そういった点が「知識・技能」として確実に習得させ、同時にそれらを、思考力・判断力・表現力を育てる言語活動の文脈の中で、いかに活用させていくのか。そういうことの中で、能力を育てていくことになるので、いままでのように教材を教えて、それを定期テストで確かめるというわけにはいかないと思うんですね。

　なので、先ほど「国語総合」の時間割は、現代文と古典に分かれていると言いましたが、もう一つは新しい改訂をまともに受け止めるのならば、定期試験をどう変えていくのか。これにも現場の先生たちは頭を悩ませるはずなんですね。これをいままでの枠組みを温存したままやっていこうとすると、うまくいかない。改訂の趣旨に沿ったものには当然ならないので、抜本的な変更が迫られているということを、やはり自覚すべきだと思います。

165

そういう意味でも、必履修科目で「現代の国語」と「言語文化」と性格の違うものに分かれたことは、非常に大きい。分けることによって教科内容を純化し、そしてそれを統合し、国語科全体の中で選択科目も含めて深めていくというトータルな国語科カリキュラムとして考えてほしいと思っています。

**町田**　とても重要なご指摘をいただきました。併せて、今の授業の在り方との相違点も明確になったと思います。今のお話に関連してご発言があれば続けてお願いします。

**山下**　今の抜本的に大きく変わらなければいけないということですが、「読むこと」が本当に中心になっている。だけど、先生によっては読む学習の中で話し合わせたり、何かを書かせたり、そういうことをしている。だから、「自分は話す・聞く、書くをやっているよ」と思ってらっしゃる先生方がいるかもしれませんが、それはあくまでも「読むこと」の学習の中でやっている話し合いで、つまり話し合うという手立てを使っているだけのことであって、決して「話すこと・聞くこと」の学習になっているわけではありません。

　「何か考えたことを書け」と言われて生徒たちは書いているかもしれないけど、それは「読むために書いている」わけで、それは「書くことの資質・能力」を身に付ける学習になっているわけではない。そういう意味では、「現代の国語」の指導事項をよく読んで、話す・聞く能力とは何か、書く能力とは何か、実社会にはどういう能力が必要とされるのかということをよく考えて、単元をつくっていかなければいけない。だから、評価ももちろん今まで通りではないということになると思います。

## 共通必履修科目「言語文化」の実践的な課題

**町田**　今お二人の先生方から、それぞれ「現代の国語」を扱う際の特に重要な課題について明らかにしていただきました。幸田先生のお話にもありましたように、新たに性格の異なる二つの必履修科目が登場したことになります。まず「現代の国語」を話題にしたわけですが、もう一つの必履修科目である「言語文化」についても、科目の特質が高校の先生方にすぐ理解できるかどうかという懸念も少しありますので、今度は「言語文化」について見てみたいと思います。今のご発言を受けて、山下先生、続けてお願いします。

166

**山下** まず一言で言って、「言語文化」は古典をやればいいというものではないということをしっかり確認しておきたいと思います。先ほど幸田先生から性質が全然違うというお話をいただきましたが、それはまさにそのとおりだと思います。「言語文化」は「伝統的言語文化」に置き換えられてしまい、古典だとばかり思われがちですが、古典だけでない言語文化といったところに、重点を置いてほしいということだと思います。

　それで、70時間のうち5〜10時間は「書くこと」で、残りは「読むこと」なのでほとんど読むことになるわけですが、そのうちの最高で45時間が古典に関すること、残りの20時間が近代以降ということになっています。そうすると、40〜45時間は、古典ということなんです。いままで国語総合は140時間あったわけですが、140時間の中でどのぐらい古典をやっていたかと言えば、45時間では済まないぐらいやっていたと思います。そのように考えると、古典をやる時間が、国語総合のときよりもおのずと減らざるを得ないという意識をしっかりもっていくことが必要かなと思います。

　そういう中でどんな力を付けていくかというと、やはり古典をじっくり読むことだけではなくて、古典を例えば近代以降の文学作品などと併せて読むとか、あとは「伝統的な言語文化」についても、例えば時代を超えて同じテーマの韻文を並べながら読んでいき、そういう中で、日本のいろいろな言語作品の中に受け継がれているものの見方や考え方を捉えていく。そういうことが必要になっていると思います。

　ですから、先ほど幸田先生がおっしゃったように、今までの「一つの作品をじっくり教える」というよりも、「多くの作品を比べて読む」というか、いろいろな作品を視野に置きながら、そこに共通して描かれている価値観やものの見方や捉え方に触れることによって、様々な言語作品が時代を超えていままで伝わってきているんだという意識、あるいは、日本語というのは古代から現代に至るまで一貫した流れがあるんだということに対する意識が、芽生えていくことが大切になる。あとは、一つの作品をじっくり読んで、古典とじっくり向き合うことは今後は選択のほうでやっていく形になるのかなと思います。

**町田** 必履修が2科目に分かれて「現代の国語」と「言語文化」になると聞くと、「現代の国語」が「現代文」で「言語文化」が「古典」だというように短絡的に捉える傾向があるのですが、そのような問題も含めて、注意すべき点を

具体的に指摘していただいたと思います。ほかに「言語文化」について何かご発言があればお願いいたします。

**浅田** 科目としての「言語文化」というのは、もちろん2単位の中になるわけですが、今回の改訂で一つ注目すべきなのが、全部の科目に「わが国の言語文化の担い手としての意識を高める」というような文言が入っているわけです。これは例えば「国語表現」にも「自覚を深める」という言葉で入っていますが、こういうのは今までなかったことではないかと思います。

　つまり、国語科の最初の「目標」で、「言語感覚」や「言語文化」について書かれてはいても、例えば「国語表現」で「わが国の言語文化の担い手としての自覚を深める」というようなことが全部の科目で書かれるというところからすると、これは単に1科目の問題ではなくて、全部の科目を通して、言語文化的精神というものを生徒に身に付けさせたいということもあると思いますし、「現代の国語」の方にある、比較して読んだりする活動も全ての科目に入ってくるところからすると、新しい考え方で全部の科目が一貫されている学習指導要領になっているなと思います。

**高山** 先程、山下先生がおっしゃっていましたが、今回、すべての科目の内容の取扱いで、「思考力・判断力・表現力等」における授業時数が示されていました。その中の読むことについて、「現代の国語」では10〜20時間、「言語文化」では古典に関してが40〜45時間、近代以降の文章に関してが20時間程度でしたよね。そうすると、現行に比べて、読むことの時間数が非常に少なくなった印象があります。

　でも、「話すこと・聞くこと」や「書くこと」を目標とする際、読むことの力を基盤にというか、往還しながらというか、行ったり来たりしながら指導すると思います。そのときに、どれももちろん大事で、特に「話す・聞く」「書く」という力について、高校の授業で目標とされてこなかったということはありますが、それなら必履修の例えば「言語文化」を4単位……は難しいかもしれませんが、もうちょっと単位数を上げて、「読むことの力を付ける」という方向も考えられなかったのだろうか、と思いました。それくらい読むことの時数の減ったことが強く印象に残りました。

　もう1点は、これまで定期テストでは、教材の内容理解について再現する力を測っていたのではないか、というギクリとする幸田先生のお話がありました

が、これからは、一つの文章について時間を掛けてじっくり精読するというより、多くの文章を取り上げて、読み比べたり、関連させて単元学習にしたり、ということになるのではないかと思いました。多読しながら力を付ける、ということでしょうか。そうすると今度は、もう少したくさんの教材、多くの文章が必要となり、もしかしたら教科書が厚くなるのかな、などということも、ちょっと思ったりしました。

**幸田** 素材もそうですけれども、何が大事かというと、これは共通テストの問題もそうなのですが、結局コンテクストが必要になるということだと思うんですね。どういう場面や状況の中でそのテクストが読まれるのかを設定することによって、実の場で考えたり表現したりするということが発生するので、そういう枠組みをつくって教材化していくことが、新しい科目の教科書づくりには不可欠になっていく要素だろうと思います。

　それからもう１点、確かに現行に比べると「読むこと」の時間設定が、単純に比べれば減ってはいるわけですが、それほど大きく減ってはいないというか、半減したり、３分の２になったりということではないはずです。なので、言語活動例を見ていただければ分かるように、また「書くこと」や「話すこと、聞くこと」の中でも、「○○を読んで話し合う」とか、「○○を読んで引用して書く」など、文章を読む活動は他の領域の中でも言語活動例の中にあえて示しながら、「読むこと」自体の時間が単純に減るわけではないということは、あえて強調しているように思います。問題になるのは、どういう能力を育てるか、です。「読んでいても読む能力を育てていない」ということは、今までもあったはずなんですね。なので、その領域の中でどういう能力を育てるのかを自覚しながら、単元構想をつくっていくことが必要になるだろうとは思います。

**山下** その「読む能力とは何なのか」を考えていくということですね。生徒たちが実社会に出たときに、いろいろな場面で読む経験があるわけですから、そういうのを念頭に置きながら、学習者たちに必要な読む能力とは何かということを考えていく。だから、そういう意味では、今までやってきた「読むこと」の学習自体を、もう一度見直してみることは大事になってくると思います。

　先ほど幸田先生もおっしゃったように、言語活動例のところをもう一度ご覧いただくと、どんなものとか、言語活動のところはかなり丁寧で、親切に書いていると思いますので。

## 新しい選択科目で特に注目すべき課題

**町田**　新学習指導要領の科目の中で、最初に必履修科目からスタートするということで、まずは「現代の国語」と「言語文化」を取り上げてまいりましたが、今度は選択科目の話題に移りたいと思います。選択科目においても「論理国語」と「文学国語」、そして「古典探究」という新しい科目が登場するわけです。唯一現行の科目として残った「国語表現」を含めて、選択科目についても触れておきたいと思います。では、今度は高山先生から、選択科目について特に留意すべき点をお話しいただけませんでしょうか。

**高山**　「古典探究」「国語表現」については、現行の上に立つものになるのかなというふうに感じました。その上で、「論理国語」と「文学国語」を分けて別々の科目としたところが、本当に新しい、高校の教科構造を示していると思っています。

　「論理国語」の中で、ここもちょっと時間数にこだわってみると、「書くこと」が50〜60時間、「読むこと」が80〜90時間でした。そうすると、論理的な文章を教材とすることで思考力・判断力・表現力等の育成を目指すので、もちろんなのですが、評論等を教材として読むことばかりではなく、書くことの力を育成しながら、学習者が自分の思考を確かなものにする・深める、という主張を感じました。書くことと読むこととの両方の力を身に付けることで、論理的思考力の育成が実現されていくのだろう、と思います。

　「文学国語」に関しては、「書くこと」が30〜40時間、「読むこと」が100〜110時間という時間数で示されているわけですが、その「書くこと」の言語活動例として、小説・詩歌の創作や相互の批評、書き換え、翻案作品の創作や共同の作品制作などが、とても具体的に出てきています。これを高校の授業現場で考えたときに、生徒と一緒に作っていくということで、非常にわくわくする一方、現場の先生方が、評価の難しさということでお悩みになるのではないかということを少し危惧しました。

　また、「文学国語」の中の「読むこと」の指導事項として、「語り手の視点」という言葉や「解釈の多様性について考察すること」などの文が、印象的でした。つまりこのように読むんだよ、という主題を教えるのとは全く逆で、様々な〈読み〉を追究したり比較したりして、文学的な文章を読んでいくというこ

とだと思います。こちらも大変だなという思いもありますが、生徒たちと一緒に一人の読者として文学を読んでいくことの、学びの楽しさにつながるのではないかということを思ったりしました。

**幸田** ほんとに「文学国語」はとんがっていますよね。今おっしゃったようなところで、語り手や解釈の多様性。特に解釈の多様性というのを指導事項の字面に出してきたところは、かなり勝負をかけているところで、つまり文学を読むというのはそういうものだということを前提に「文学国語」という科目の性格が示されています。かつての指導事項には「主題」という言葉があって、それが消えてかなりの年月がたちますが、それ以上に解釈の多様性ということをもう前提にしながら文学の学習を構想することになっています。そのあたりは非常に新しいところだと思います。

　それからもう1点は「古典探究」です。あえて探究の語を冠しているわけですから、これまでの古典の授業とは異なるものが求められています。また、高校国語の場合、探究科目と言われているものは「古典探究」だけのように見えますが、実は指導事項をよく見ていただくと、「論理国語」や「文学国語」の中でも、後半のものは探究していく指導事項になっています。科目名に「探究」がついていないだけで、選択科目は要するに必履修を受けて、より探究的な学習に向かっていく、深い学びに向かっていく、という科目の構造になっているということで理解していただきたいなと思っています。

**町田** 「国語表現」では、言語活動例で文章と図表・画像を関連付けながら企画書や報告書などを作成する活動が取り上げられたり、「話すこと・聞くこと」の教材として音声や画像の資料を用いることができたりするようになった点などに、注目できるような気がいたします。

**浅田** 選択科目も必履修科目も含めてですが、本当にまさにいま幸田先生がおっしゃったように、とんがったものが多くなっているという印象はすごくあります。まず「論理国語」にしても「文学国語」にしても、古典の文章などを入れてもいいというのが最後のほうに出てくるわけですね。つまり、科目名とジャンルが必ずしも一致していない部分があるわけです。それから、例えば「外国語に翻訳してみる」という言語活動がありますね。これは今までにないものだと思います。こういったことに、現場としてはぜひわくわくしてほしいなと、同じ現場人として思うのですが、多くの先生は多分びっくりしてしまうだろう

171

と思います。ですが、おそらく国語科の教員にもグローバル化が求められてき
ているんだろうということはあります。

　それと、先程から話題になっている評価ですが、おそらくこれもペーパーテ
ストによる評価、学習したことの再現に終わっているような評価ばかりではな
く、例えば想像ですけれども、ポートフォリオ評価だったり、ルーブリックを
使った評価だったりというようなものが、かなり使われることを期待している
のではないかと思います。点数だけで切る時代ではなくなってきたのかなとい
う思いを強く抱いています。

## おわりに─座談会の総括

**町田**　では、最後に簡単なまとめをして終わりたいと思います。今日は高等学
校の新しい学習指導要領について、本質的で重要な話題を具体的に話し合うこ
とができたと思います。冒頭に「学習指導要領さざ波論」と言われる状況に触
れましたが、この座談会を通して、今回ばかりは「さざ波」のような小さなも
のではなくて、かなり大きな波が押し寄せてくるように受け止める必要がある
ことが実感できたと思います。

　加えて、ちょうど新学習指導要領と併せて、大学入試改革もいまいろいろと
話題になっているという現状もありますので、多様な観点から、われわれ国語
教育に関わる者全員が、新しい学習指導要領にしっかりと向き合っていかなけ
ればならないということが確認できました。

　座談会の中で何度も話題になったように、「教材ベース」から「資質・能力
ベース」へという大きな転換があります。それから、日本国語教育学会が追究
してきた単元学習に、かなり近くなっているというご指摘もありました。まさ
に先生方もご自身の資質・能力を高めつつ、今回の改訂にしっかりと向き合っ
て、明日の授業をいかに学習者にとって「楽しく、力のつく」ものにするかと
いう原点に戻って、より深く考えていかなければいけないと思った次第です。
今日の座談会が、その考えを深める一つの契機となることができればよいと思
っております。

　今日は先生方、様々なご指摘をいただいて本当にありがとうございました。
以上で座談会を終わらせていただきます。

# 資料編

——高等学校学習指導要領——
第1章　総則
第2章　国語

【出典】文部科学省ホームページより（平成30年7月18日時点）

**資料編**

# 第1章　総　　則

## 第1款　高等学校教育の基本と教育課程の役割

1　各学校においては、教育基本法及び学校教育法その他の法令並びにこの章以下に示すところに従い、生徒の人間として調和のとれた育成を目指し、生徒の心身の発達の段階や特性等、課程や学科の特色及び学校や地域の実態を十分考慮して、適切な教育課程を編成するものとし、これらに掲げる目標を達成するよう教育を行うものとする。

2　学校の教育活動を進めるに当たっては、各学校において、第3款の1に示す主体的・対話的で深い学びの実現に向けた授業改善を通して、創意工夫を生かした特色ある教育活動を展開する中で、次の(1)から(3)までに掲げる事項の実現を図り、生徒に生きる力を育むことを目指すものとする。

(1)　基礎的・基本的な知識及び技能を確実に習得させ、これらを活用して課題を解決するために必要な思考力、判断力、表現力等を育むとともに、主体的に学習に取り組む態度を養い、個性を生かし多様な人々との協働を促す教育の充実に努めること。その際、生徒の発達の段階を考慮して、生徒の言語活動など、学習の基盤をつくる活動を充実するとともに、家庭との連携を図りながら、生徒の学習習慣が確立するよう配慮すること。

(2)　道徳教育や体験活動、多様な表現や鑑賞の活動等を通して、豊かな心や創造性の涵養を目指した教育の充実に努めること。

　　学校における道徳教育は、人間としての在り方生き方に関する教育を学校の教育活動全体を通じて行うことによりその充実を図るものとし、各教科に属する科目（以下「各教科・科目」という。）、総合的な探究の時間及び特別活動（以下「各教科・科目等」という。）のそれぞれの特質に応じて、適切な指導を行うこと。

　　道徳教育は、教育基本法及び学校教育法に定められた教育の根本精神に基づき、生徒が自己探求と自己実現に努め国家・社会の一員としての自覚に基づき行為しうる発達の段階にあることを考慮し、人間としての在り方生き方を考え、主体的な判断の下に行動し、自立した人間として他者と共によりよく生きるための基盤となる道徳性を養うことを目標とすること。

　　道徳教育を進めるに当たっては、人間尊重の精神と生命に対する畏敬の念を家庭、学校、その他社会における具体的な生活の中に生かし、豊かな心をもち、伝統と文化を尊重し、それらを育んできた我が国と郷土を愛し、個性豊かな文化の創造を図るとともに、平和で民主的な国家及び社会の形成者として、公共の精神を尊び、社会及び国家の発展に努め、他国を尊重し、国際社会の平和と発展や環境の保全に貢献し未来を拓く主体性のある日本人の育成に資することとなるよう特に留意すること。

(3)　学校における体育・健康に関する指導を、生徒の発達の段階を考慮して、学校の教育活動全体を通じて適切に行うことにより、健康で安全な生活と豊かなスポーツライフの実現を目指した教育の充実に努めること。特に、学校における食育の推進並びに体力の向上に関する指導、安全に関する指導及び心身の健

康の保持増進に関する指導については、保健体育科、家庭科及び特別活動の時間はもとより、各教科・科目及び総合的な探究の時間などにおいてもそれぞれの特質に応じて適切に行うよう努めること。また、それらの指導を通して、家庭や地域社会との連携を図りながら、日常生活において適切な体育・健康に関する活動の実践を促し、生涯を通じて健康・安全で活力ある生活を送るための基礎が培われるよう配慮すること。

3　2の(1)から(3)までに掲げる事項の実現を図り、豊かな創造性を備え持続可能な社会の創り手となることが期待される生徒に、生きる力を育むことを目指すに当たっては、学校教育全体及び各教科・科目等の指導を通してどのような資質・能力の育成を目指すのかを明確にしながら、教育活動の充実を図るものとする。その際、生徒の発達の段階や特性等を踏まえつつ、次に掲げることが偏りなく実現できるようにするものとする。
　(1)　知識及び技能が習得されるようにすること。
　(2)　思考力、判断力、表現力等を育成すること。
　(3)　学びに向かう力、人間性等を涵養すること。

4　学校においては、地域や学校の実態等に応じて、就業やボランティアに関わる体験的な学習の指導を適切に行うようにし、勤労の尊さや創造することの喜びを体得させ、望ましい勤労観、職業観の育成や社会奉仕の精神の涵養に資するものとする。

5　各学校においては、生徒や学校、地域の実態を適切に把握し、教育の目的や目標の実現に必要な教育の内容等を教科等横断的な視点で組み立てていくこと、教育課程の実施状況を評価してその改善を図っていくこと、教育課程の実施に必要な人的又は物的な体制を確保するとともにその改善を図っていくことなどを通して、教育課程に基づき組織的かつ計画的に各学校の教育活動の質の向上を図っていくこと（以下「カリキュラム・マネジメント」という。）に努めるものとする。

## 第2款　教育課程の編成

1　各学校の教育目標と教育課程の編成
　教育課程の編成に当たっては、学校教育全体や各教科・科目等における指導を通して育成を目指す資質・能力を踏まえつつ、各学校の教育目標を明確にするとともに、教育課程の編成についての基本的な方針が家庭や地域とも共有されるよう努めるものとする。その際、第4章の第2の1に基づき定められる目標との関連を図るものとする。

2　教科等横断的な視点に立った資質・能力の育成
　(1)　各学校においては、生徒の発達の段階を考慮し、言語能力、情報活用能力（情報モラルを含む。）、問題発見・解決能力等の学習の基盤となる資質・能力を育成していくことができるよう、各教科・科目等の特質を生かし、教科等横断的な視点から教育課程の編成を図るものとする。
　(2)　各学校においては、生徒や学校、地域の実態及び生徒の発達の段階を考慮し、豊かな人生の実現や災害等を乗り越えて次代の社会を形成することに向けた現代的な諸課題に対応して求められる資質・能力を、教科等横断的な視点で育成していくことができるよう、各学校の特色を生かした教育課程の編成を図るものとする。

3 教育課程の編成における共通的事項
 (1) 各教科・科目及び単位数等
　　ア　卒業までに履修させる単位数等
　　　　各学校においては、卒業までに履修させるイからオまでに示す各教科・科目及びその単位数、総合的な探究の時間の単位数並びに特別活動及びその授業時数に関する事項を定めるものとする。この場合、各教科・科目及び総合的な探究の時間の単位数の計は、(2)のア、イ及びウの(ア)に掲げる各教科・科目の単位数並びに総合的な探究の時間の単位数を含めて74単位以上とする。
　　　　単位については、1単位時間を50分とし、35単位時間の授業を1単位として計算することを標準とする。ただし、通信制の課程においては、5に定めるところによるものとする。
　　イ　各学科に共通する各教科・科目及び総合的な探究の時間並びに標準単位数
　　　　各学校においては、教育課程の編成に当たって、次の表に掲げる各教科・科目及び総合的な探究の時間並びにそれぞれの標準単位数を踏まえ、生徒に履修させる各教科・科目及び総合的な探究の時間並びにそれらの単位数について適切に定めるものとする。ただし、生徒の実態等を考慮し、特に必要がある場合には、標準単位数の標準の限度を超えて単位数を増加して配当することができる。

| 教科等 | 科目 | 標準単位数 | 教科等 | 科目 | 標準単位数 |
|---|---|---|---|---|---|
| 国語 | 現代の国語 | 2 | | 数学Ⅲ | 3 |
| | 言語文化 | 2 | | 数学A | 2 |
| | 論理国語 | 4 | | 数学B | 2 |
| | 文学国語 | 4 | | 数学C | 2 |
| | 国語表現 | 4 | 理科 | 科学と人間生活 | 2 |
| | 古典探究 | 4 | | 物理基礎 | 2 |
| 地理歴史 | 地理総合 | 2 | | 物理 | 4 |
| | 地理探究 | 3 | | 化学基礎 | 2 |
| | 歴史総合 | 2 | | 化学 | 4 |
| | 日本史探究 | 3 | | 生物基礎 | 2 |
| | 世界史探究 | 3 | | 生物 | 4 |
| 公民 | 公共 | 2 | | 地学基礎 | 2 |
| | 倫理 | 2 | | 地学 | 4 |
| | 政治・経済 | 2 | 保健体育 | 体育 | 7〜8 |
| 数学 | 数学Ⅰ | 3 | | 保健 | 2 |
| | 数学Ⅱ | 4 | | 音楽Ⅰ | 2 |

176

| 教　科　等 | 科　目 | 標準単位数 | 教　科　等 | 科　目 | 標準単位数 |
|---|---|---|---|---|---|
| 芸　　　　術 | 音　楽　Ⅱ | 2 | | 英語コミュニケーション　Ⅲ | 4 |
| | 音　楽　Ⅲ | 2 | | 論理・表現　Ⅰ | 2 |
| | 美　術　Ⅰ | 2 | | 論理・表現　Ⅱ | 2 |
| | 美　術　Ⅱ | 2 | | 論理・表現　Ⅲ | 2 |
| | 美　術　Ⅲ | 2 | 家　　　　庭 | 家　庭　基　礎 | 2 |
| | 工　芸　Ⅰ | 2 | | 家　庭　総　合 | 4 |
| | 工　芸　Ⅱ | 2 | 情　　　　報 | 情　報　Ⅰ | 2 |
| | 工　芸　Ⅲ | 2 | | 情　報　Ⅱ | 2 |
| | 書　道　Ⅰ | 2 | 理　　　　数 | 理数探究基礎 | 1 |
| | 書　道　Ⅱ | 2 | | 理　数　探　究 | 2〜5 |
| | 書　道　Ⅲ | 2 | 総合的な探究の　時　間 | | 3〜6 |
| 外　国　語 | 英語コミュニケーション　Ⅰ | 3 | | | |
| | 英語コミュニケーション　Ⅱ | 4 | | | |

　　ウ　主として専門学科において開設される各教科・科目

　　　　各学校においては、教育課程の編成に当たって、次の表に掲げる主として専門学科（専門教育を主とする学科をいう。以下同じ。）において開設される各教科・科目及び設置者の定めるそれぞれの標準単位数を踏まえ、生徒に履修させる各教科・科目及びその単位数について適切に定めるものとする。

| 教　科 | 科　目 | 教　科 | 科　目 |
|---|---|---|---|
| 農　業 | 農業と環境、課題研究、総合実習、農業と情報、作物、野菜、果樹、草花、畜産、栽培と環境、飼育と環境、農業経営、農業機械、植物バイオテクノロジー、食品製造、食品化学、食品微生物、食品流通、森林科学、森林経営、林産物利用、農業土木設計、農業土木施工、水循環、造園計画、造園施工管理、造園植栽、測量、生物活用、地域資源活用 | | 自動車工学、自動車整備、船舶工学、電気回路、電気機器、電力技術、電子技術、電子回路、電子計測制御、通信技術、プログラミング技術、ハードウェア技術、ソフトウェア技術、コンピュータシステム技術、建築構造、建築計画、建築構造設計、建築施工、建築法規、設備計画、空気調和設備、衛生・防災設備、測量、土木基盤力学、土木構造設計、土木施工、社会基盤工学、工業化学、化学工学、地球環境化学、材料製造技術、材料工学、材料加工、セラミック化学、セラミック技術、セラミック工業、繊維製品、繊維・染色技術、染織デザイン、インテリア計画、 |
| 工　業 | 工業技術基礎、課題研究、実習、製図、工業情報数理、工業材料技術、工業技術英語、工業管理技術、工業環境技術、機械工作、機械設計、原動機、電子機械、生産技術、 | | |

| 教科 | 科目 | 教科 | 科目 |
|------|------|------|------|
| 工 業 | インテリア装備、インテリアエレメント生産、デザイン実践、デザイン材料、デザイン史 | 看 護 | 精神看護、在宅看護、看護の統合と実践、看護臨地実習、看護情報 |
| 商 業 | ビジネス基礎、課題研究、総合実践、ビジネス・コミュニケーション、マーケティング、商品開発と流通、観光ビジネス、ビジネス・マネジメント、グローバル経済、ビジネス法規、簿記、財務会計Ⅰ、財務会計Ⅱ、原価計算、管理会計、情報処理、ソフトウェア活用、プログラミング、ネットワーク活用、ネットワーク管理 | 情 報 | 情報産業と社会、課題研究、情報の表現と管理、情報テクノロジー、情報セキュリティ、情報システムのプログラミング、ネットワークシステム、データベース、情報デザイン、コンテンツの制作と発信、メディアとサービス、情報実習 |
| 水 産 | 水産海洋基礎、課題研究、総合実習、海洋情報技術、水産海洋科学、漁業、航海・計器、船舶運用、船用機関、機械設計工作、電気理論、移動体通信工学、海洋通信技術、資源増殖、海洋生物、海洋環境、小型船舶、食品製造、食品管理、水産流通、ダイビング、マリンスポーツ | 福 祉 | 社会福祉基礎、介護福祉基礎、コミュニケーション技術、生活支援技術、介護過程、介護総合演習、介護実習、こころとからだの理解、福祉情報 |
| | | 理 数 | 理数数学Ⅰ、理数数学Ⅱ、理数数学特論、理数物理、理数化学、理数生物、理数地学 |
| 家 庭 | 生活産業基礎、課題研究、生活産業情報、消費生活、保育基礎、保育実践、生活と福祉、住生活デザイン、服飾文化、ファッション造形基礎、ファッション造形、ファッションデザイン、服飾手芸、フードデザイン、食文化、調理、栄養、食品、食品衛生、公衆衛生、総合調理実習 | 体 育 | スポーツ概論、スポーツⅠ、スポーツⅡ、スポーツⅢ、スポーツⅣ、スポーツⅤ、スポーツⅥ、スポーツ総合演習 |
| | | 音 楽 | 音楽理論、音楽史、演奏研究、ソルフェージュ、声楽、器楽、作曲、鑑賞研究 |
| | | 美 術 | 美術概論、美術史、鑑賞研究、素描、構成、絵画、版画、彫刻、ビジュアルデザイン、クラフトデザイン、情報メディアデザイン、映像表現、環境造形 |
| 看 護 | 基礎看護、人体の構造と機能、疾病の成り立ちと回復の促進、健康支援と社会保障制度、成人看護、老年看護、小児看護、母性看護、 | 英 語 | 総合英語Ⅰ、総合英語Ⅱ、総合英語Ⅲ、ディベート・ディスカッションⅠ、ディベート・ディスカッションⅡ、エッセイライティングⅠ、エッセイライティングⅡ |

　エ　学校設定科目
　　　学校においては、生徒や学校、地域の実態及び学科の特色等に応じ、特色ある教育課程の編成に資するよう、イ及びウの表に掲げる教科について、これらに属する科目以外の科目（以下「学校設定科目」という。）を設けることができる。この場合において、学校設定科目の名称、目標、内容、単位数等

については、その科目の属する教科の目標に基づき、高等学校教育としての水準の確保に十分配慮し、各学校の定めるところによるものとする。

オ　学校設定教科

(ア)　学校においては、生徒や学校、地域の実態及び学科の特色等に応じ、特色ある教育課程の編成に資するよう、イ及びウの表に掲げる教科以外の教科（以下「学校設定教科」という。）及び当該教科に関する科目を設けることができる。この場合において、学校設定教科及び当該教科に関する科目の名称、目標、内容、単位数等については、高等学校教育の目標に基づき、高等学校教育としての水準の確保に十分配慮し、各学校の定めるところによるものとする。

(イ)　学校においては、学校設定教科に関する科目として「産業社会と人間」を設けることができる。この科目の目標、内容、単位数等を各学校において定めるに当たっては、産業社会における自己の在り方生き方について考えさせ、社会に積極的に寄与し、生涯にわたって学習に取り組む意欲や態度を養うとともに、生徒の主体的な各教科・科目の選択に資するよう、就業体験活動等の体験的な学習や調査・研究などを通して、次のような事項について指導することに配慮するものとする。

⑦　社会生活や職業生活に必要な基本的な能力や態度及び望ましい勤労観、職業観の育成

⑦　我が国の産業の発展とそれがもたらした社会の変化についての考察

⑦　自己の将来の生き方や進路についての考察及び各教科・科目の履修計画の作成

(2)　各教科・科目の履修等

ア　各学科に共通する必履修教科・科目及び総合的な探究の時間

(ア)　全ての生徒に履修させる各教科・科目（以下「必履修教科・科目」という。）は次のとおりとし、その単位数は、(1)のイに標準単位数として示された単位数を下らないものとする。ただし、生徒の実態及び専門学科の特色等を考慮し、特に必要がある場合には、「数学Ⅰ」及び「英語コミュニケーションⅠ」については２単位とすることができ、その他の必履修教科・科目（標準単位数が２単位であるものを除く。）についてはその単位数の一部を減じることができる。

⑦　国語のうち「現代の国語」及び「言語文化」

⑦　地理歴史のうち「地理総合」及び「歴史総合」

⑦　公民のうち「公共」

㋓　数学のうち「数学Ⅰ」

㋔　理科のうち「科学と人間生活」、「物理基礎」、「化学基礎」、「生物基礎」及び「地学基礎」のうちから２科目（うち１科目は「科学と人間生活」とする。）又は「物理基礎」、「化学基礎」、「生物基礎」及び「地学基礎」のうちから３科目

㋕　保健体育のうち「体育」及び「保健」

㋖　芸術のうち「音楽Ⅰ」、「美術Ⅰ」、「工芸Ⅰ」及び「書道Ⅰ」のうちから１科目

㋗　外国語のうち「英語コミュニケーションⅠ」（英語以外の外国語を履修する場合は、学校設定科目として設ける１科目とし、その標準単位数は

179

３単位とする。）

　　　㋘　家庭のうち「家庭基礎」及び「家庭総合」のうちから１科目

　　　㋙　情報のうち「情報Ⅰ」

　　(イ)　総合的な探究の時間については、全ての生徒に履修させるものとし、その単位数は、(1)のイに標準単位数として示された単位数の下限を下らないものとする。ただし、特に必要がある場合には、その単位数を２単位とすることができる。

　　(ウ)　外国の高等学校に留学していた生徒について、外国の高等学校における履修により、必履修教科・科目又は総合的な探究の時間の履修と同様の成果が認められる場合においては、外国の高等学校における履修をもって相当する必履修教科・科目又は総合的な探究の時間の履修の一部又は全部に替えることができる。

　イ　専門学科における各教科・科目の履修

　　専門学科における各教科・科目の履修については、アのほか次のとおりとする。

　　(ア)　専門学科においては、専門教科・科目（(1)のウの表に掲げる各教科・科目、同表に掲げる教科に属する学校設定科目及び専門教育に関する学校設定教科に関する科目をいう。以下同じ。）について、全ての生徒に履修させる単位数は、25単位を下らないこと。ただし、商業に関する学科においては、上記の単位数の中に外国語に属する科目の単位を５単位まで含めることができること。また、商業に関する学科以外の専門学科においては、各学科の目標を達成する上で、専門教科・科目以外の各教科・科目の履修により、専門教科・科目の履修と同様の成果が期待できる場合においては、その専門教科・科目以外の各教科・科目の単位を５単位まで上記の単位数の中に含めることができること。

　　(イ)　専門教科・科目の履修によって、アの必履修教科・科目の履修と同様の成果が期待できる場合においては、その専門教科・科目の履修をもって、必履修教科・科目の履修の一部又は全部に替えることができること。

　　(ウ)　職業教育を主とする専門学科においては、総合的な探究の時間の履修により、農業、工業、商業、水産、家庭若しくは情報の各教科の「課題研究」、看護の「看護臨地実習」又は福祉の「介護総合演習」（以下「課題研究等」という。）の履修と同様の成果が期待できる場合においては、総合的な探究の時間の履修をもって課題研究等の履修の一部又は全部に替えることができること。また、課題研究等の履修により、総合的な探究の時間の履修と同様の成果が期待できる場合においては、課題研究等の履修をもって総合的な探究の時間の履修の一部又は全部に替えることができること。

　ウ　総合学科における各教科・科目の履修等

　　総合学科における各教科・科目の履修等については、アのほか次のとおりとする。

　　(ア)　総合学科においては、(1)のオの(イ)に掲げる「産業社会と人間」を全ての生徒に原則として入学年次に履修させるものとし、標準単位数は２〜４単位とすること。

　　(イ)　総合学科においては、学年による教育課程の区分を設けない課程（以下「単位制による課程」という。）とすることを原則とするとともに、「産業社

会と人間」及び専門教科・科目を合わせて25単位以上設け、生徒が多様な各教科・科目から主体的に選択履修できるようにすること。その際、生徒が選択履修するに当たっての指針となるよう、体系性や専門性等において相互に関連する各教科・科目によって構成される科目群を複数設けるとともに、必要に応じ、それ以外の各教科・科目を設け、生徒が自由に選択履修できるようにすること。

(3) 各教科・科目等の授業時数等

ア　全日制の課程における各教科・科目及びホームルーム活動の授業は、年間35週行うことを標準とし、必要がある場合には、各教科・科目の授業を特定の学期又は特定の期間（夏季、冬季、学年末等の休業日の期間に授業日を設定する場合を含む。）に行うことができる。

イ　全日制の課程における週当たりの授業時数は、30単位時間を標準とする。ただし、必要がある場合には、これを増加することができる。

ウ　定時制の課程における授業日数の季節的配分又は週若しくは１日当たりの授業時数については、生徒の勤労状況と地域の諸事情等を考慮して、適切に定めるものとする。

エ　ホームルーム活動の授業時数については、原則として、年間35単位時間以上とするものとする。

オ　生徒会活動及び学校行事については、学校の実態に応じて、それぞれ適切な授業時数を充てるものとする。

カ　定時制の課程において、特別の事情がある場合には、ホームルーム活動の授業時数の一部を減じ、又はホームルーム活動及び生徒会活動の内容の一部を行わないものとすることができる。

キ　各教科・科目等のそれぞれの授業の１単位時間は、各学校において、各教科・科目等の授業時数を確保しつつ、生徒の実態及び各教科・科目等の特質を考慮して適切に定めるものとする。

ク　各教科・科目等の特質に応じ、10分から15分程度の短い時間を活用して特定の各教科・科目等の指導を行う場合において、当該各教科・科目等を担当する教師が単元や題材など内容や時間のまとまりを見通した中で、その指導内容の決定や指導の成果の把握と活用等を責任をもって行う体制が整備されているときは、その時間を当該各教科・科目等の授業時数に含めることができる。

ケ　総合的な探究の時間における学習活動により、特別活動の学校行事に掲げる各行事の実施と同様の成果が期待できる場合においては、総合的な探究の時間における学習活動をもって相当する特別活動の学校行事に掲げる各行事の実施に替えることができる。

コ　理数の「理数探究基礎」又は「理数探究」の履修により、総合的な探究の時間の履修と同様の成果が期待できる場合においては、「理数探究基礎」又は「理数探究」の履修をもって総合的な探究の時間の履修の一部又は全部に替えることができる。

(4) 選択履修の趣旨を生かした適切な教育課程の編成

教育課程の編成に当たっては、生徒の特性、進路等に応じた適切な各教科・科目の履修ができるようにし、このため、多様な各教科・科目を設け生徒が自由に選択履修することのできるよう配慮するものとする。また、教育課程の類

型を設け、そのいずれかの類型を選択して履修させる場合においても、その類型において履修させることになっている各教科・科目以外の各教科・科目を履修させたり、生徒が自由に選択履修することのできる各教科・科目を設けたりするものとする。

(5) 各教科・科目等の内容等の取扱い

ア　学校においては、第2章以下に示していない事項を加えて指導することができる。また、第2章以下に示す内容の取扱いのうち内容の範囲や程度等を示す事項は、当該科目を履修する全ての生徒に対して指導するものとする内容の範囲や程度等を示したものであり、学校において必要がある場合には、この事項にかかわらず指導することができる。ただし、これらの場合には、第2章以下に示す教科、科目及び特別活動の目標や内容の趣旨を逸脱したり、生徒の負担が過重となったりすることのないようにするものとする。

イ　第2章以下に示す各教科・科目及び特別活動の内容に掲げる事項の順序は、特に示す場合を除き、指導の順序を示すものではないので、学校においては、その取扱いについて適切な工夫を加えるものとする。

ウ　学校においては、あらかじめ計画して、各教科・科目の内容及び総合的な探究の時間における学習活動を学期の区分に応じて単位ごとに分割して指導することができる。

エ　学校においては、特に必要がある場合には、第2章及び第3章に示す教科及び科目の目標の趣旨を損なわない範囲内で、各教科・科目の内容に関する事項について、基礎的・基本的な事項に重点を置くなどその内容を適切に選択して指導することができる。

(6) 指導計画の作成に当たって配慮すべき事項

各学校においては、次の事項に配慮しながら、学校の創意工夫を生かし、全体として、調和のとれた具体的な指導計画を作成するものとする。

ア　各教科・科目等の指導内容については、単元や題材など内容や時間のまとまりを見通しながら、そのまとめ方や重点の置き方に適切な工夫を加え、第3款の1に示す主体的・対話的で深い学びの実現に向けた授業改善を通して資質・能力を育む効果的な指導ができるようにすること。

イ　各教科・科目等について相互の関連を図り、系統的、発展的な指導ができるようにすること。

(7) キャリア教育及び職業教育に関して配慮すべき事項

ア　学校においては、第5款の1に示すキャリア教育及び職業教育を推進するために、生徒の特性や進路、学校や地域の実態等を考慮し、地域や産業界等との連携を図り、産業現場等における長期間の実習を取り入れるなどの就業体験活動の機会を積極的に設けるとともに、地域や産業界等の人々の協力を積極的に得るよう配慮するものとする。

イ　普通科においては、生徒の特性や進路、学校や地域の実態等を考慮し、必要に応じて、適切な職業に関する各教科・科目の履修の機会の確保について配慮するものとする。

ウ　職業教育を主とする専門学科においては、次の事項に配慮するものとする。

(ｱ)　職業に関する各教科・科目については、実験・実習に配当する授業時数を十分確保するようにすること。

(ｲ)　生徒の実態を考慮し、職業に関する各教科・科目の履修を容易にするた

め特別な配慮が必要な場合には、各分野における基礎的又は中核的な科目を重点的に選択し、その内容については基礎的・基本的な事項が確実に身に付くように取り扱い、また、主として実験・実習によって指導するなどの工夫をこらすようにすること。

エ　職業に関する各教科・科目については、次の事項に配慮するものとする。

(ア)　職業に関する各教科・科目については、就業体験活動をもって実習に替えることができること。この場合、就業体験活動は、その各教科・科目の内容に直接関係があり、かつ、その一部としてあらかじめ計画し、評価されるものであることを要すること。

(イ)　農業、水産及び家庭に関する各教科・科目の指導に当たっては、ホームプロジェクト並びに学校家庭クラブ及び学校農業クラブなどの活動を活用して、学習の効果を上げるよう留意すること。この場合、ホームプロジェクトについては、その各教科・科目の授業時数の10分の2以内をこれに充てることができること。

(ウ)　定時制及び通信制の課程において、職業に関する各教科・科目を履修する生徒が、現にその各教科・科目と密接な関係を有する職業（家事を含む。）に従事している場合で、その職業における実務等が、その各教科・科目の一部を履修した場合と同様の成果があると認められるときは、その実務等をもってその各教科・科目の履修の一部に替えることができること。

4　学校段階等間の接続

教育課程の編成に当たっては、次の事項に配慮しながら、学校段階等間の接続を図るものとする。

(1)　現行の中学校学習指導要領を踏まえ、中学校教育までの学習の成果が高等学校教育に円滑に接続され、高等学校教育段階の終わりまでに育成することを目指す資質・能力を、生徒が確実に身に付けることができるよう工夫すること。特に、中等教育学校、連携型高等学校及び併設型高等学校においては中等教育6年間を見通した計画的かつ継続的な教育課程を編成すること。

(2)　生徒や学校の実態等に応じ、必要がある場合には、例えば次のような工夫を行い、義務教育段階での学習内容の確実な定着を図るようにすること。

ア　各教科・科目の指導に当たり、義務教育段階での学習内容の確実な定着を図るための学習機会を設けること。

イ　義務教育段階での学習内容の確実な定着を図りながら、必履修教科・科目の内容を十分に習得させることができるよう、その単位数を標準単位数の標準の限度を超えて増加して配当すること。

ウ　義務教育段階での学習内容の確実な定着を図ることを目標とした学校設定科目等を履修させた後に、必履修教科・科目を履修させるようにすること。

(3)　大学や専門学校等における教育や社会的・職業的自立、生涯にわたる学習のために、高等学校卒業以降の教育や職業との円滑な接続が図られるよう、関連する教育機関や企業等との連携により、卒業後の進路に求められる資質・能力を着実に育成することができるよう工夫すること。

5　通信制の課程における教育課程の特例

通信制の課程における教育課程については、1から4まで（3の(3)、(4)並びに(7)のエの(ア)及び(イ)を除く。）並びに第1款及び第3款から第7款までに定めるところによるほか、次に定めるところによる。

(1)　各教科・科目の添削指導の回数及び面接指導の単位時間（1単位時間は、50分として計算するものとする。以下同じ。）数の標準は、1単位につき次の表のとおりとする。

| 各教科・科目 | 添削指導（回） | 面接指導（単位時間） |
|---|---|---|
| 国語、地理歴史、公民及び数学に属する科目 | 3 | 1 |
| 理科に属する科目 | 3 | 4 |
| 保健体育に属する科目のうち「体育」 | 1 | 5 |
| 保健体育に属する科目のうち「保健」 | 3 | 1 |
| 芸術及び外国語に属する科目 | 3 | 4 |
| 家庭及び情報に属する科目並びに専門教科・科目 | 各教科・科目の必要に応じて2〜3 | 各教科・科目の必要に応じて2〜8 |

(2)　学校設定教科に関する科目のうち専門教科・科目以外のものの添削指導の回数及び面接指導の単位時間数については、1単位につき、それぞれ1回以上及び1単位時間以上を確保した上で、各学校が適切に定めるものとする。

(3)　理数に属する科目及び総合的な探究の時間の添削指導の回数及び面接指導の単位時間数については、1単位につき、それぞれ1回以上及び1単位時間以上を確保した上で、各学校において、学習活動に応じ適切に定めるものとする。

(4)　各学校における面接指導の1回あたりの時間は、各学校において、(1)から(3)までの標準を踏まえ、各教科・科目及び総合的な探究の時間の面接指導の単位時間数を確保しつつ、生徒の実態並びに各教科・科目及び総合的な探究の時間の特質を考慮して適切に定めるものとする。

(5)　学校が、その指導計画に、各教科・科目又は特別活動について体系的に行われるラジオ放送、テレビ放送その他の多様なメディアを利用して行う学習を計画的かつ継続的に取り入れた場合で、生徒がこれらの方法により学習し、報告課題の作成等により、その成果が満足できると認められるときは、その生徒について、その各教科・科目の面接指導の時間数又は特別活動の時間数（以下「面接指導等時間数」という。）のうち、10分の6以内の時間数を免除することができる。また、生徒の実態等を考慮して特に必要がある場合は、面接指導等時間数のうち、複数のメディアを利用することにより、各メディアごとにそれぞれ10分の6以内の時間数を免除することができる。ただし、免除する時間数は、合わせて10分の8を超えることができない。

　　なお、生徒の面接指導等時間数を免除しようとする場合には、本来行われるべき学習の量と質を低下させることがないよう十分配慮しなければならない。

(6)　特別活動については、ホームルーム活動を含めて、各々の生徒の卒業までに30単位時間以上指導するものとする。なお、特別の事情がある場合には、ホームルーム活動及び生徒会活動の内容の一部を行わないものとすることができる。

## 第3款　教育課程の実施と学習評価

1　主体的・対話的で深い学びの実現に向けた授業改善
　各教科・科目等の指導に当たっては、次の事項に配慮するものとする。
　(1)　第1款の3の(1)から(3)までに示すことが偏りなく実現されるよう、単元や題材など内容や時間のまとまりを見通しながら、生徒の主体的・対話的で深い学びの実現に向けた授業改善を行うこと。
　　　特に、各教科・科目等において身に付けた知識及び技能を活用したり、思考力、判断力、表現力等や学びに向かう力、人間性等を発揮させたりして、学習の対象となる物事を捉え思考することにより、各教科・科目等の特質に応じた物事を捉える視点や考え方（以下「見方・考え方」という。）が鍛えられていくことに留意し、生徒が各教科・科目等の特質に応じた見方・考え方を働かせながら、知識を相互に関連付けてより深く理解したり、情報を精査して考えを形成したり、問題を見いだして解決策を考えたり、思いや考えを基に創造したりすることに向かう過程を重視した学習の充実を図ること。
　(2)　第2款の2の(1)に示す言語能力の育成を図るため、各学校において必要な言語環境を整えるとともに、国語科を要としつつ各教科・科目等の特質に応じて、生徒の言語活動を充実すること。あわせて、(6)に示すとおり読書活動を充実すること。
　(3)　第2款の2の(1)に示す情報活用能力の育成を図るため、各学校において、コンピュータや情報通信ネットワークなどの情報手段を活用するために必要な環境を整え、これらを適切に活用した学習活動の充実を図ること。また、各種の統計資料や新聞、視聴覚教材や教育機器などの教材・教具の適切な活用を図ること。
　(4)　生徒が学習の見通しを立てたり学習したことを振り返ったりする活動を、計画的に取り入れるように工夫すること。
　(5)　生徒が生命の有限性や自然の大切さ、主体的に挑戦してみることや多様な他者と協働することの重要性などを実感しながら理解することができるよう、各教科・科目等の特質に応じた体験活動を重視し、家庭や地域社会と連携しつつ体系的・継続的に実施できるよう工夫すること。
　(6)　学校図書館を計画的に利用しその機能の活用を図り、生徒の主体的・対話的で深い学びの実現に向けた授業改善に生かすとともに、生徒の自主的、自発的な学習活動や読書活動を充実すること。また、地域の図書館や博物館、美術館、劇場、音楽堂等の施設の活用を積極的に図り、資料を活用した情報の収集や鑑賞等の学習活動を充実すること。

2　学習評価の充実
　学習評価の実施に当たっては、次の事項に配慮するものとする。
　(1)　生徒のよい点や進歩の状況などを積極的に評価し、学習したことの意義や価値を実感できるようにすること。また、各教科・科目等の目標の実現に向けた学習状況を把握する観点から、単元や題材など内容や時間のまとまりを見通しながら評価の場面や方法を工夫して、学習の過程や成果を評価し、指導の改善や学習意欲の向上を図り、資質・能力の育成に生かすようにすること。
　(2)　創意工夫の中で学習評価の妥当性や信頼性が高められるよう、組織的かつ計

画的な取組を推進するとともに、学年や学校段階を越えて生徒の学習の成果が円滑に接続されるように工夫すること。

## 第4款　単位の修得及び卒業の認定

1　各教科・科目及び総合的な探究の時間の単位の修得の認定
　(1)　学校においては、生徒が学校の定める指導計画に従って各教科・科目を履修し、その成果が教科及び科目の目標からみて満足できると認められる場合には、その各教科・科目について履修した単位を修得したことを認定しなければならない。
　(2)　学校においては、生徒が学校の定める指導計画に従って総合的な探究の時間を履修し、その成果が第4章の第2の1に基づき定められる目標からみて満足できると認められる場合には、総合的な探究の時間について履修した単位を修得したことを認定しなければならない。
　(3)　学校においては、生徒が1科目又は総合的な探究の時間を2以上の年次にわたって履修したときは、各年次ごとにその各教科・科目又は総合的な探究の時間について履修した単位を修得したことを認定することを原則とする。また、単位の修得の認定を学期の区分ごとに行うことができる。
2　卒業までに修得させる単位数
　学校においては、卒業までに修得させる単位数を定め、校長は、当該単位数を修得した者で、特別活動の成果がその目標からみて満足できると認められるものについて、高等学校の全課程の修了を認定するものとする。この場合、卒業までに修得させる単位数は、74単位以上とする。なお、普通科においては、卒業までに修得させる単位数に含めることができる学校設定科目及び学校設定教科に関する科目に係る修得単位数は、合わせて20単位を超えることができない。
3　各学年の課程の修了の認定
　学校においては、各学年の課程の修了の認定については、単位制が併用されていることを踏まえ、弾力的に行うよう配慮するものとする。

## 第5款　生徒の発達の支援

1　生徒の発達を支える指導の充実
教育課程の編成及び実施に当たっては、次の事項に配慮するものとする。
　(1)　学習や生活の基盤として、教師と生徒との信頼関係及び生徒相互のよりよい人間関係を育てるため、日頃からホームルーム経営の充実を図ること。また、主に集団の場面で必要な指導や援助を行うガイダンスと、個々の生徒の多様な実態を踏まえ、一人一人が抱える課題に個別に対応した指導を行うカウンセリングの双方により、生徒の発達を支援すること。
　(2)　生徒が、自己の存在感を実感しながら、よりよい人間関係を形成し、有意義で充実した学校生活を送る中で、現在及び将来における自己実現を図っていくことができるよう、生徒理解を深め、学習指導と関連付けながら、生徒指導の充実を図ること。
　(3)　生徒が、学ぶことと自己の将来とのつながりを見通しながら、社会的・職業的自立に向けて必要な基盤となる資質・能力を身に付けていくことができるよう、特別活動を要としつつ各教科・科目等の特質に応じて、キャリア教育の充実を

図ること。その中で、生徒が自己の在り方生き方を考え主体的に進路を選択することができるよう、学校の教育活動全体を通じ、組織的かつ計画的な進路指導を行うこと。

(4) 学校の教育活動全体を通じて、個々の生徒の特性等の的確な把握に努め、その伸長を図ること。また、生徒が適切な各教科・科目や類型を選択し学校やホームルームでの生活によりよく適応するとともに、現在及び将来の生き方を考え行動する態度や能力を育成することができるようにすること。

(5) 生徒が、基礎的・基本的な知識及び技能の習得も含め、学習内容を確実に身に付けることができるよう、生徒や学校の実態に応じ、個別学習やグループ別学習、繰り返し学習、学習内容の習熟の程度に応じた学習、生徒の興味・関心等に応じた課題学習、補充的な学習や発展的な学習などの学習活動を取り入れることや、教師間の協力による指導体制を確保することなど、指導方法や指導体制の工夫改善により、個に応じた指導の充実を図ること。その際、第3款の1の(3)に示す情報手段や教材・教具の活用を図ること。

(6) 学習の遅れがちな生徒などについては、各教科・科目等の選択、その内容の取扱いなどについて必要な配慮を行い、生徒の実態に応じ、例えば義務教育段階の学習内容の確実な定着を図るための指導を適宜取り入れるなど、指導内容や指導方法を工夫すること。

2 特別な配慮を必要とする生徒への指導

(1) 障害のある生徒などへの指導

ア 障害のある生徒などについては、特別支援学校等の助言又は援助を活用しつつ、個々の生徒の障害の状態等に応じた指導内容や指導方法の工夫を組織的かつ計画的に行うものとする。

イ 障害のある生徒に対して、学校教育法施行規則第140条の規定に基づき、特別の教育課程を編成し、障害に応じた特別の指導（以下「通級による指導」という。）を行う場合には、学校教育法施行規則第129条の規定により定める現行の特別支援学校高等部学習指導要領第6章に示す自立活動の内容を参考とし、具体的な目標や内容を定め、指導を行うものとする。その際、通級による指導が効果的に行われるよう、各教科・科目等と通級による指導との関連を図るなど、教師間の連携に努めるものとする。

なお、通級による指導における単位の修得の認定については、次のとおりとする。

(ア) 学校においては、生徒が学校の定める個別の指導計画に従って通級による指導を履修し、その成果が個別に設定された指導目標からみて満足できると認められる場合には、当該学校の単位を修得したことを認定しなければならない。

(イ) 学校においては、生徒が通級による指導を2以上の年次にわたって履修したときは、各年次ごとに当該学校の単位を修得したことを認定することを原則とする。ただし、年度途中から通級による指導を開始するなど、特定の年度における授業時数が、1単位として計算する標準の単位時間に満たない場合は、次年度以降に通級による指導の時間を設定し、2以上の年次にわたる授業時数を合算して単位の修得の認定を行うことができる。また、単位の修得の認定を学期の区分ごとに行うことができる。

ウ 障害のある生徒などについては、家庭、地域及び医療や福祉、保健、労働

等の業務を行う関係機関との連携を図り、長期的な視点で生徒への教育的支援を行うために、個別の教育支援計画を作成し活用することに努めるとともに、各教科・科目等の指導に当たって、個々の生徒の実態を的確に把握し、個別の指導計画を作成し活用することに努めるものとする。特に、通級による指導を受ける生徒については、個々の生徒の障害の状態等の実態を的確に把握し、個別の教育支援計画や個別の指導計画を作成し、効果的に活用するものとする。

(2) 海外から帰国した生徒などの学校生活への適応や、日本語の習得に困難のある生徒に対する日本語指導

ア 海外から帰国した生徒などについては、学校生活への適応を図るとともに、外国における生活経験を生かすなどの適切な指導を行うものとする。

イ 日本語の習得に困難のある生徒については、個々の生徒の実態に応じた指導内容や指導方法の工夫を組織的かつ計画的に行うものとする。

(3) 不登校生徒への配慮

ア 不登校生徒については、保護者や関係機関と連携を図り、心理や福祉の専門家の助言又は援助を得ながら、社会的自立を目指す観点から、個々の生徒の実態に応じた情報の提供その他の必要な支援を行うものとする。

イ 相当の期間高等学校を欠席し引き続き欠席すると認められる生徒等を対象として、文部科学大臣が認める特別の教育課程を編成する場合には、生徒の実態に配慮した教育課程を編成するとともに、個別学習やグループ別学習など指導方法や指導体制の工夫改善に努めるものとする。

## 第6款 学校運営上の留意事項

1 教育課程の改善と学校評価、教育課程外の活動との連携等

ア 各学校においては、校長の方針の下に、校務分掌に基づき教職員が適切に役割を分担しつつ、相互に連携しながら、各学校の特色を生かしたカリキュラム・マネジメントを行うよう努めるものとする。また、各学校が行う学校評価については、教育課程の編成、実施、改善が教育活動や学校運営の中核となることを踏まえ、カリキュラム・マネジメントと関連付けながら実施するよう留意するものとする。

イ 教育課程の編成及び実施に当たっては、学校保健計画、学校安全計画、食に関する指導の全体計画、いじめの防止等のための対策に関する基本的な方針など、各分野における学校の全体計画等と関連付けながら、効果的な指導が行われるように留意するものとする。

ウ 教育課程外の学校教育活動と教育課程の関連が図られるように留意するものとする。特に、生徒の自主的、自発的な参加により行われる部活動については、スポーツや文化、科学等に親しませ、学習意欲の向上や責任感、連帯感の涵養等、学校教育が目指す資質・能力の育成に資するものであり、学校教育の一環として、教育課程との関連が図られるよう留意すること。その際、学校や地域の実態に応じ、地域の人々の協力、社会教育施設や社会教育関係団体等の各種団体との連携などの運営上の工夫を行い、持続可能な運営体制が整えられるようにするものとする。

2 家庭や地域社会との連携及び協働と学校間の連携

教育課程の編成及び実施に当たっては、次の事項に配慮するものとする。

ア　学校がその目的を達成するため、学校や地域の実態等に応じ、教育活動の実施に必要な人的又は物的な体制を家庭や地域の人々の協力を得ながら整えるなど、家庭や地域社会との連携及び協働を深めること。また、高齢者や異年齢の子供など、地域における世代を越えた交流の機会を設けること。

イ　他の高等学校や、幼稚園、認定こども園、保育所、小学校、中学校、特別支援学校及び大学などとの間の連携や交流を図るとともに、障害のある幼児児童生徒との交流及び共同学習の機会を設け、共に尊重し合いながら協働して生活していく態度を育むようにすること。

## 第7款　道徳教育に関する配慮事項

道徳教育を進めるに当たっては、道徳教育の特質を踏まえ、第6款までに示す事項に加え、次の事項に配慮するものとする。

1　各学校においては、第1款の2の(2)に示す道徳教育の目標を踏まえ、道徳教育の全体計画を作成し、校長の方針の下に、道徳教育の推進を主に担当する教師（「道徳教育推進教師」という。）を中心に、全教師が協力して道徳教育を展開すること。

　　なお、道徳教育の全体計画の作成に当たっては、生徒や学校の実態に応じ、指導の方針や重点を明らかにして、各教科・科目等との関係を明らかにすること。その際、公民科の「公共」及び「倫理」並びに特別活動が、人間としての在り方生き方に関する中核的な指導の場面であることに配慮すること。

2　道徳教育を進めるに当たっては、中学校までの特別の教科である道徳の学習等を通じて深めた、主として自分自身、人との関わり、集団や社会との関わり、生命や自然、崇高なものとの関わりに関する道徳的諸価値についての理解を基にしながら、様々な体験や思索の機会等を通して、人間としての在り方生き方についての考えを深めるよう留意すること。また、自立心や自律性を高め、規律ある生活をすること、生命を尊重する心を育てること、社会連帯の自覚を高め、主体的に社会の形成に参画する意欲と態度を養うこと、義務を果たし責任を重んずる態度及び人権を尊重し差別のないよりよい社会を実現しようとする態度を養うこと、伝統と文化を尊重し、それらを育んできた我が国と郷土を愛するとともに、他国を尊重すること、国際社会に生きる日本人としての自覚を身に付けることに関する指導が適切に行われるよう配慮すること。

3　学校やホームルーム内の人間関係や環境を整えるととともに、就業体験活動やボランティア活動、自然体験活動、地域の行事への参加などの豊かな体験を充実すること。また、道徳教育の指導が、生徒の日常生活に生かされるようにすること。その際、いじめの防止や安全の確保等にも資することとなるように留意すること。

4　学校の道徳教育の全体計画や道徳教育に関する諸活動などの情報を積極的に公表したり、道徳教育の充実のために家庭や地域の人々の積極的な参加や協力を得たりするなど、家庭や地域社会との共通理解を深めること。

# 第2章　各学科に共通する各教科

## 第1節　国　　語

## 第1款　目　標

　言葉による見方・考え方を働かせ、言語活動を通して、国語で的確に理解し効果的に表現する資質・能力を次のとおり育成することを目指す。
- (1)　生涯にわたる社会生活に必要な国語について、その特質を理解し適切に使うことができるようにする。
- (2)　生涯にわたる社会生活における他者との関わりの中で伝え合う力を高め、思考力や想像力を伸ばす。
- (3)　言葉のもつ価値への認識を深めるとともに、言語感覚を磨き、我が国の言語文化の担い手としての自覚をもち、生涯にわたり国語を尊重してその能力の向上を図る態度を養う。

## 第2款　各　科　目

### 第1　現代の国語

1　目　標
　　言葉による見方・考え方を働かせ、言語活動を通して、国語で的確に理解し効果的に表現する資質・能力を次のとおり育成することを目指す。
- (1)　実社会に必要な国語の知識や技能を身に付けるようにする。
- (2)　論理的に考える力や深く共感したり豊かに想像したりする力を伸ばし、他者との関わりの中で伝え合う力を高め、自分の思いや考えを広げたり深めたりすることができるようにする。
- (3)　言葉がもつ価値への認識を深めるとともに、生涯にわたって読書に親しみ自己を向上させ、我が国の言語文化の担い手としての自覚をもち、言葉を通して他者や社会に関わろうとする態度を養う。

2　内　容
〔知識及び技能〕
- (1)　言葉の特徴や使い方に関する次の事項を身に付けることができるよう指導する。
    - ア　言葉には、認識や思考を支える働きがあることを理解すること。
    - イ　話し言葉と書き言葉の特徴や役割、表現の特色を踏まえ、正確さ、分かりやすさ、適切さ、敬意と親しさなどに配慮した表現や言葉遣いについて理解し、使うこと。
    - ウ　常用漢字の読みに慣れ、主な常用漢字を書き、文や文章の中で使うこと。
    - エ　実社会において理解したり表現したりするために必要な語句の量を増すとともに、語句や語彙の構造や特色、用法及び表記の仕方などを理解し、話や文章の中で使うことを通して、語感を磨き語彙を豊かにすること。
    - オ　文、話、文章の効果的な組立て方や接続の仕方について理解すること。
    - カ　比喩、例示、言い換えなどの修辞や、直接的な述べ方や婉曲的な述べ方について理解し使うこと。

(2) 話や文章に含まれている情報の扱い方に関する次の事項を身に付けることができるよう指導する。

ア　主張と論拠など情報と情報との関係について理解すること。

イ　個別の情報と一般化された情報との関係について理解すること。

ウ　推論の仕方を理解し使うこと。

エ　情報の妥当性や信頼性の吟味の仕方について理解を深め使うこと。

オ　引用の仕方や出典の示し方、それらの必要性について理解を深め使うこと。

(3) 我が国の言語文化に関する次の事項を身に付けることができるよう指導する。

ア　実社会との関わりを考えるための読書の意義と効用について理解を深めること。

〔思考力、判断力、表現力等〕

A　話すこと・聞くこと

(1) 話すこと・聞くことに関する次の事項を身に付けることができるよう指導する。

ア　目的や場に応じて、実社会の中から適切な話題を決め、様々な観点から情報を収集、整理して、伝え合う内容を検討すること。

イ　自分の考えが的確に伝わるよう、自分の立場や考えを明確にするとともに、相手の反応を予想して論理の展開を考えるなど、話の構成や展開を工夫すること。

ウ　話し言葉の特徴を踏まえて話したり、場の状況に応じて資料や機器を効果的に用いたりするなど、相手の理解が得られるように表現を工夫すること。

エ　論理の展開を予想しながら聞き、話の内容や構成、論理の展開、表現の仕方を評価するとともに、聞き取った情報を整理して自分の考えを広げたり深めたりすること。

オ　論点を共有し、考えを広げたり深めたりしながら、話合いの目的、種類、状況に応じて、表現や進行など話合いの仕方や結論の出し方を工夫すること。

(2) (1)に示す事項については、例えば、次のような言語活動を通して指導するものとする。

ア　自分の考えについてスピーチをしたり、それを聞いて、同意したり、質問したり、論拠を示して反論したりする活動。

イ　報告や連絡、案内などのために、資料に基づいて必要な事柄を話したり、それらを聞いて、質問したり批評したりする活動。

ウ　話合いの目的に応じて結論を得たり、多様な考えを引き出したりするための議論や討論を、他の議論や討論の記録などを参考にしながら行う活動。

エ　集めた情報を資料にまとめ、聴衆に対して発表する活動。

B　書くこと

(1) 書くことに関する次の事項を身に付けることができるよう指導する。

ア　目的や意図に応じて、実社会の中から適切な題材を決め、集めた情報の妥当性や信頼性を吟味して、伝えたいことを明確にすること。

イ　読み手の理解が得られるよう、論理の展開、情報の分量や重要度などを考えて、文章の構成や展開を工夫すること。

ウ　自分の考えや事柄が的確に伝わるよう、根拠の示し方や説明の仕方を考えるとともに、文章の種類や、文体、語句などの表現の仕方を工夫すること。

エ　目的や意図に応じて書かれているかなどを確かめて、文章全体を整えたり、読み手からの助言などを踏まえて、自分の文章の特長や課題を捉え直したり

すること。
(2) (1)に示す事項については、例えば、次のような言語活動を通して指導するものとする。
　ア　論理的な文章や実用的な文章を読み、本文や資料を引用しながら、自分の意見や考えを論述する活動。
　イ　読み手が必要とする情報に応じて手順書や紹介文などを書いたり、書式を踏まえて案内文や通知文などを書いたりする活動。
　ウ　調べたことを整理して、報告書や説明資料などにまとめる活動。
C　読むこと
(1) 読むことに関する次の事項を身に付けることができるよう指導する。
　ア　文章の種類を踏まえて、内容や構成、論理の展開などについて叙述を基に的確に捉え、要旨や要点を把握すること。
　イ　目的に応じて、文章や図表などに含まれている情報を相互に関係付けながら、内容や書き手の意図を解釈したり、文章の構成や論理の展開などについて評価したりするとともに、自分の考えを深めること。
(2) (1)に示す事項については、例えば、次のような言語活動を通して指導するものとする。
　ア　論理的な文章や実用的な文章を読み、その内容や形式について、引用や要約などをしながら論述したり批評したりする活動。
　イ　異なる形式で書かれた複数の文章や、図表等を伴う文章を読み、理解したことや解釈したことをまとめて発表したり、他の形式の文章に書き換えたりする活動。
3　内容の取扱い
(1) 内容の〔思考力、判断力、表現力等〕における授業時数については、次の事項に配慮するものとする。
　ア　「A話すこと・聞くこと」に関する指導については、20〜30単位時間程度を配当するものとし、計画的に指導すること。
　イ　「B書くこと」に関する指導については、30〜40単位時間程度を配当するものとし、計画的に指導すること。
　ウ　「C読むこと」に関する指導については、10〜20単位時間程度を配当するものとし、計画的に指導すること。
(2) 内容の〔知識及び技能〕に関する指導については、次の事項に配慮するものとする。
　ア　(1)のウの指導については、「言語文化」の内容の〔知識及び技能〕の(1)のイの指導との関連を図り、計画的に指導すること。
(3) 内容の〔思考力、判断力、表現力等〕に関する指導については、次の事項に配慮するものとする。
　ア　「A話すこと・聞くこと」に関する指導については、必要に応じて、口語のきまり、敬語の用法などを扱うこと。
　イ　「B書くこと」に関する指導については、中学校国語科の書写との関連を図り、効果的に文字を書く機会を設けること。
(4) 教材については、次の事項に留意するものとする。
　ア　内容の〔思考力、判断力、表現力等〕の「C読むこと」の教材は、現代の社会生活に必要とされる論理的な文章及び実用的な文章とすること。

イ　内容の〔思考力、判断力、表現力等〕の「Ａ話すこと・聞くこと」、「Ｂ書くこと」及び「Ｃ読むこと」のそれぞれの⑵に掲げる言語活動が十分行われるよう教材を選定すること。

ウ　教材は、次のような観点に配慮して取り上げること。

　(ア)　言語文化に対する関心や理解を深め、国語を尊重する態度を育てるのに役立つこと。

　(イ)　日常の言葉遣いなど言語生活に関心をもち、伝え合う力を高めるのに役立つこと。

　(ウ)　思考力や想像力を伸ばし、心情を豊かにし、言語感覚を磨くのに役立つこと。

　(エ)　情報を活用して、公正かつ適切に判断する能力や創造的精神を養うのに役立つこと。

　(オ)　科学的、論理的に物事を捉え考察し、視野を広げるのに役立つこと。

　(カ)　生活や人生について考えを深め、人間性を豊かにし、たくましく生きる意志を培うのに役立つこと。

　(キ)　人間、社会、自然などに広く目を向け、考えを深めるのに役立つこと。

　(ク)　広い視野から国際理解を深め、日本人としての自覚をもち、国際協調の精神を高めるのに役立つこと。

## 第2　言語文化

1　目標

　言葉による見方・考え方を働かせ、言語活動を通して、国語で的確に理解し効果的に表現する資質・能力を次のとおり育成することを目指す。

⑴　生涯にわたる社会生活に必要な国語の知識や技能を身に付けるとともに、我が国の言語文化に対する理解を深めることができるようにする。

⑵　論理的に考える力や深く共感したり豊かに想像したりする力を伸ばし、他者との関わりの中で伝え合う力を高め、自分の思いや考えを広げたり深めたりすることができるようにする。

⑶　言葉がもつ価値への認識を深めるとともに、生涯にわたって読書に親しみ自己を向上させ、我が国の言語文化の担い手としての自覚をもち、言葉を通して他者や社会に関わろうとする態度を養う。

2　内　容

〔知識及び技能〕

⑴　言葉の特徴や使い方に関する次の事項を身に付けることができるよう指導する。

　ア　言葉には、文化の継承、発展、創造を支える働きがあることを理解すること。

　イ　常用漢字の読みに慣れ、主な常用漢字を書き、文や文章の中で使うこと。

　ウ　我が国の言語文化に特徴的な語句の量を増し、それらの文化的背景について理解を深め、文章の中で使うことを通して、語感を磨き語彙を豊かにすること。

　エ　文章の意味は、文脈の中で形成されることを理解すること。

　オ　本歌取りや見立てなどの我が国の言語文化に特徴的な表現の技法とその効果について理解すること。

⑵　我が国の言語文化に関する次の事項を身に付けることができるよう指導する。

ア　我が国の言語文化の特質や我が国の文化と外国の文化との関係について理
　　解すること。
　イ　古典の世界に親しむために、作品や文章の歴史的・文化的背景などを理解
　　すること。
　ウ　古典の世界に親しむために、古典を読むために必要な文語のきまりや訓読
　　のきまり、古典特有の表現などについて理解すること。
　エ　時間の経過や地域の文化的特徴などによる文字や言葉の変化について理解
　　を深め、古典の言葉と現代の言葉とのつながりについて理解すること。
　オ　言文一致体や和漢混交文など歴史的な文体の変化について理解を深めること。
　カ　我が国の言語文化への理解につながる読書の意義と効用について理解を深
　　めること。
〔思考力、判断力、表現力等〕
Ａ　書くこと
（1）書くことに関する次の事項を身に付けることができるよう指導する。
　ア　自分の知識や体験の中から適切な題材を決め、集めた材料のよさや味わい
　　を吟味して、表現したいことを明確にすること。
　イ　自分の体験や思いが効果的に伝わるよう、文章の種類、構成、展開や、文体、
　　描写、語句などの表現の仕方を工夫すること。
（2）（1）に示す事項については、例えば、次のような言語活動を通して指導するも
　のとする。
　ア　本歌取りや折句などを用いて、感じたことや発見したことを短歌や俳句で
　　表したり、伝統行事や風物詩などの文化に関する題材を選んで、随筆などを
　　書いたりする活動。
Ｂ　読むこと
（1）読むことに関する次の事項を身に付けることができるよう指導する。
　ア　文章の種類を踏まえて、内容や構成、展開などについて叙述を基に的確に
　　捉えること。
　イ　作品や文章に表れているものの見方、感じ方、考え方を捉え、内容を解釈
　　すること。
　ウ　文章の構成や展開、表現の仕方、表現の特色について評価すること。
　エ　作品や文章の成立した背景や他の作品などとの関係を踏まえ、内容の解釈
　　を深めること。
　オ　作品の内容や解釈を踏まえ、自分のものの見方、感じ方、考え方を深め、我
　　が国の言語文化について自分の考えをもつこと。
（2）（1）に示す事項については、例えば、次のような言語活動を通して指導するも
　のとする。
　ア　我が国の伝統や文化について書かれた解説や評論、随筆などを読み、我が
　　国の言語文化について論述したり発表したりする活動。
　イ　作品の内容や形式について、批評したり討論したりする活動。
　ウ　異なる時代に成立した随筆や小説、物語などを読み比べ、それらを比較し
　　て論じたり批評したりする活動。
　エ　和歌や俳句などを読み、書き換えたり外国語に訳したりすることなどを通
　　して互いの解釈の違いについて話し合ったり、テーマを立ててまとめたりす
　　る活動。

オ　古典から受け継がれてきた詩歌や芸能の題材、内容、表現の技法などについて調べ、その成果を発表したり文章にまとめたりする活動。

3　内容の取扱い

(1)　内容の〔思考力、判断力、表現力等〕における授業時数については、次の事項に配慮するものとする。

ア　「A書くこと」に関する指導については、5〜10単位時間程度を配当するものとし、計画的に指導すること。

イ　「B読むこと」の古典に関する指導については、40〜45単位時間程度を配当するものとし、計画的に指導するとともに、古典における古文と漢文の割合は、一方に偏らないようにすること。その際、古典について解説した近代以降の文章などを活用するなどして、我が国の言語文化への理解を深めるよう指導を工夫すること。

ウ　「B読むこと」の近代以降の文章に関する指導については、20単位時間程度を配当するものとし、計画的に指導すること。その際、我が国の伝統と文化に関する近代以降の論理的な文章や古典に関連する近代以降の文学的な文章を活用するなどして、我が国の言語文化への理解を深めるよう指導を工夫すること。

(2)　内容の〔知識及び技能〕に関する指導については、次の事項に配慮するものとする。

ア　(1)のイの指導については、「現代の国語」の内容の〔知識及び技能〕の(1)のウの指導との関連を図り、計画的に指導すること。

イ　(2)のウの指導については、〔思考力、判断力、表現力等〕の「B読むこと」の指導に即して行うこと。

(3)　内容の〔思考力、判断力、表現力等〕に関する指導については、次の事項に配慮するものとする。

ア　「A書くこと」に関する指導については、中学校国語科の書写との関連を図り、効果的に文字を書く機会を設けること。

イ　「B読むこと」に関する指導については、文章を読み深めるため、音読、朗読、暗唱などを取り入れること。

(4)　教材については、次の事項に留意するものとする。

ア　内容の〔思考力、判断力、表現力等〕の「B読むこと」の教材は、古典及び近代以降の文章とし、日本漢文、近代以降の文語文や漢詩文などを含めるとともに、我が国の言語文化への理解を深める学習に資するよう、我が国の伝統と文化や古典に関連する近代以降の文章を取り上げること。また、必要に応じて、伝承や伝統芸能などに関する音声や画像の資料を用いることができること。

イ　古典の教材については、表記を工夫し、注釈、傍注、解説、現代語訳などを適切に用い、特に漢文については訓点を付け、必要に応じて書き下し文を用いるなど理解しやすいようにすること。

ウ　内容の〔思考力、判断力、表現力等〕の「A書くこと」及び「B読むこと」のそれぞれの(2)に掲げる言語活動が十分行われるよう教材を選定すること。

エ　教材は、次のような観点に配慮して取り上げること。

(ア)　言語文化に対する関心や理解を深め、国語を尊重する態度を育てるのに役立つこと。

(ｲ) 日常の言葉遣いなど言語生活に関心をもち、伝え合う力を高めるのに役立つこと。

(ｳ) 思考力や想像力を伸ばし、心情を豊かにし、言語感覚を磨くのに役立つこと。

(ｴ) 情報を活用して、公正かつ適切に判断する能力や創造的精神を養うのに役立つこと。

(ｵ) 生活や人生について考えを深め、人間性を豊かにし、たくましく生きる意志を培うのに役立つこと。

(ｶ) 人間、社会、自然などに広く目を向け、考えを深めるのに役立つこと。

(ｷ) 我が国の伝統と文化に対する関心や理解を深め、それらを尊重する態度を育てるのに役立つこと。

(ｸ) 広い視野から国際理解を深め、日本人としての自覚をもち、国際協調の精神を高めるのに役立つこと。

オ　古典の教材は、次のような観点に配慮して取り上げること。

(ｱ) 伝統的な言語文化への理解を深め、古典を進んで学習する意欲や態度を養うのに役立つこと。

(ｲ) 人間、社会、自然などに対する様々な時代の人々のものの見方、感じ方、考え方について理解を深めるのに役立つこと。

(ｳ) 様々な時代の人々の生き方や自分の生き方について考えたり、我が国の伝統と文化について理解を深めたりするのに役立つこと。

(ｴ) 古典を読むのに必要な知識を身に付けるのに役立つこと。

(ｵ) 現代の国語について考えたり、言語感覚を豊かにしたりするのに役立つこと。

(ｶ) 中国など外国の文化との関係について理解を深めるのに役立つこと。

## 第3　論理国語

1　目標

　言葉による見方・考え方を働かせ、言語活動を通して、国語で的確に理解し効果的に表現する資質・能力を次のとおり育成することを目指す。

(1) 実社会に必要な国語の知識や技能を身に付けるようにする。

(2) 論理的、批判的に考える力を伸ばすとともに、創造的に考える力を養い、他者との関わりの中で伝え合う力を高め、自分の思いや考えを広げたり深めたりすることができるようにする。

(3) 言葉がもつ価値への認識を深めるとともに、生涯にわたって読書に親しみ自己を向上させ、我が国の言語文化の担い手としての自覚を深め、言葉を通して他者や社会に関わろうとする態度を養う。

2　内容

〔知識及び技能〕

(1) 言葉の特徴や使い方に関する次の事項を身に付けることができるよう指導する。

　ア　言葉には、言葉そのものを認識したり説明したりすることを可能にする働きがあることを理解すること。

　イ　論証したり学術的な学習の基礎を学んだりするために必要な語句の量を増し、文章の中で使うことを通して、語感を磨き語彙を豊かにすること。

　ウ　文や文章の効果的な組立て方や接続の仕方について理解を深めること。

　エ　文章の種類に基づく効果的な段落の構造や論の形式など、文章の構成や展

開の仕方について理解を深めること。
(2) 文章に含まれている情報の扱い方に関する次の事項を身に付けることができるよう指導する。
    ア 主張とその前提や反証など情報と情報との関係について理解を深めること。
    イ 情報を重要度や抽象度などによって階層化して整理する方法について理解を深め使うこと。
    ウ 推論の仕方について理解を深め使うこと。
(3) 我が国の言語文化に関する次の事項を身に付けることができるよう指導する。
    ア 新たな考えの構築に資する読書の意義と効用について理解を深めること。
〔思考力、判断力、表現力等〕
A 書くこと
(1) 書くことに関する次の事項を身に付けることができるよう指導する。
    ア 実社会や学術的な学習の基礎に関する事柄について、書き手の立場や論点などの様々な観点から情報を収集、整理して、目的や意図に応じた適切な題材を決めること。
    イ 情報の妥当性や信頼性を吟味しながら、自分の立場や論点を明確にして、主張を支える適切な根拠をそろえること。
    ウ 立場の異なる読み手を説得するために、批判的に読まれることを想定して、効果的な文章の構成や論理の展開を工夫すること。
    エ 多面的・多角的な視点から自分の考えを見直したり、根拠や論拠の吟味を重ねたりして、主張を明確にすること。
    オ 個々の文の表現の仕方や段落の構造を吟味するなど、文章全体の論理の明晰さを確かめ、自分の主張が的確に伝わる文章になるよう工夫すること。
    カ 文章の構成や展開、表現の仕方などについて、自分の主張が的確に伝わるように書かれているかなどを吟味して、文章全体を整えたり、読み手からの助言などを踏まえて、自分の文章の特長や課題を捉え直したりすること。
(2) (1)に示す事項については、例えば、次のような言語活動を通して指導するものとする。
    ア 特定の資料について、様々な観点から概要などをまとめる活動。
    イ 設定した題材について、分析した内容を報告文などにまとめたり、仮説を立てて考察した内容を意見文などにまとめたりする活動。
    ウ 社会的な話題について書かれた論説文やその関連資料を参考にして、自分の考えを短い論文にまとめ、批評し合う活動。
    エ 設定した題材について多様な資料を集め、調べたことを整理して、様々な観点から自分の意見や考えを論述する活動。
B 読むこと
(1) 読むことに関する次の事項を身に付けることができるよう指導する。
    ア 文章の種類を踏まえて、内容や構成、論理の展開などを的確に捉え、論点を明確にしながら要旨を把握すること。
    イ 文章の種類を踏まえて、資料との関係を把握し、内容や構成を的確に捉えること。
    ウ 主張を支える根拠や結論を導く論拠を批判的に検討し、文章や資料の妥当性や信頼性を吟味して内容を解釈すること。
    エ 文章の構成や論理の展開、表現の仕方について、書き手の意図との関係に

おいて多面的・多角的な視点から評価すること。

オ 関連する文章や資料を基に、書き手の立場や目的を考えながら、内容の解釈を深めること。

カ 人間、社会、自然などについて、文章の内容や解釈を多様な論点や異なる価値観と結び付けて、新たな観点から自分の考えを深めること。

キ 設定した題材に関連する複数の文章や資料を基に、必要な情報を関係付けて自分の考えを広げたり深めたりすること。

(2) (1)に示す事項については、例えば、次のような言語活動を通して指導するものとする。

ア 論理的な文章や実用的な文章を読み、その内容や形式について、批評したり討論したりする活動。

イ 社会的な話題について書かれた論説文やその関連資料を読み、それらの内容を基に、自分の考えを論述したり討論したりする活動。

ウ 学術的な学習の基礎に関する事柄について書かれた短い論文を読み、自分の考えを論述したり発表したりする活動。

エ 同じ事柄について異なる論点をもつ複数の文章を読み比べ、それらを比較して論じたり批評したりする活動。

オ 関心をもった事柄について様々な資料を調べ、その成果を発表したり報告書や短い論文などにまとめたりする活動。

3 内容の取扱い

(1) 内容の〔思考力、判断力、表現力等〕における授業時数については、次の事項に配慮するものとする。

ア 「A書くこと」に関する指導については、50〜60単位時間程度を配当するものとし、計画的に指導すること。

イ 「B読むこと」に関する指導については、80〜90単位時間程度を配当するものとし、計画的に指導すること。

(2) 内容の〔思考力、判断力、表現力等〕に関する指導については、次の事項に配慮するものとする。

ア 「B読むこと」に関する指導については、必要に応じて、近代以降の文章の変遷を扱うこと。

(3) 教材については、次の事項に留意するものとする。

ア 内容の〔思考力、判断力、表現力等〕の「B読むこと」の教材は、近代以降の論理的な文章及び現代の社会生活に必要とされる実用的な文章とすること。また、必要に応じて、翻訳の文章や古典における論理的な文章などを用いることができること。

イ 内容の〔思考力、判断力、表現力等〕の「A書くこと」及び「B読むこと」のそれぞれの(2)に掲げる言語活動が十分行われるよう教材を選定すること。

## 第4 文学国語

1 目 標

言葉による見方・考え方を働かせ、言語活動を通して、国語で的確に理解し効果的に表現する資質・能力を次のとおり育成することを目指す。

(1) 生涯にわたる社会生活に必要な国語の知識や技能を身に付けるとともに、我が国の言語文化に対する理解を深めることができるようにする。

(2) 深く共感したり豊かに想像したりする力を伸ばすとともに、創造的に考える力を養い、他者との関わりの中で伝え合う力を高め、自分の思いや考えを広げたり深めたりすることができるようにする。

(3) 言葉がもつ価値への認識を深めるとともに、生涯にわたって読書に親しみ自己を向上させ、我が国の言語文化の担い手としての自覚を深め、言葉を通して他者や社会に関わろうとする態度を養う。

2　内　容

〔知識及び技能〕

(1) 言葉の特徴や使い方に関する次の事項を身に付けることができるよう指導する。

　ア　言葉には、想像や心情を豊かにする働きがあることを理解すること。

　イ　情景の豊かさや心情の機微を表す語句の量を増し、文章の中で使うことを通して、語感を磨き語彙を豊かにすること。

　ウ　文学的な文章やそれに関する文章の種類や特徴などについて理解を深めること。

　エ　文学的な文章における文体の特徴や修辞などの表現の技法について、体系的に理解し使うこと。

(2) 我が国の言語文化に関する次の事項を身に付けることができるよう指導する。

　ア　文学的な文章を読むことを通して、我が国の言語文化の特質について理解を深めること。

　イ　人間、社会、自然などに対するものの見方、感じ方、考え方を豊かにする読書の意義と効用について理解を深めること。

〔思考力、判断力、表現力等〕

A　書くこと

(1) 書くことに関する次の事項を身に付けることができるよう指導する。

　ア　文学的な文章を書くために、選んだ題材に応じて情報を収集、整理して、表現したいことを明確にすること。

　イ　読み手の関心が得られるよう、文章の構成や展開を工夫すること。

　ウ　文体の特徴や修辞の働きなどを考慮して、読み手を引き付ける独創的な文章になるよう工夫すること。

　エ　文章の構成や展開、表現の仕方などについて、伝えたいことや感じてもらいたいことが伝わるように書かれているかなどを吟味して、文章全体を整えたり、読み手からの助言などを踏まえて、自分の文章の特長や課題を捉え直したりすること。

(2) (1)に示す事項については、例えば、次のような言語活動を通して指導するものとする。

　ア　自由に発想したり評論を参考にしたりして、小説や詩歌などを創作し、批評し合う活動。

　イ　登場人物の心情や情景の描写を、文体や表現の技法等に注意して書き換え、その際に工夫したことなどを話し合ったり、文章にまとめたりする活動。

　ウ　古典を題材として小説を書くなど、翻案作品を創作する活動。

　エ　グループで同じ題材を書き継いで一つの作品をつくるなど、共同で作品制作に取り組む活動。

B　読むこと

(1) 読むことに関する次の事項を身に付けることができるよう指導する。

ア　文章の種類を踏まえて、内容や構成、展開、描写の仕方などを的確に捉えること。

　　イ　語り手の視点や場面の設定の仕方、表現の特色について評価することを通して、内容を解釈すること。

　　ウ　他の作品と比較するなどして、文体の特徴や効果について考察すること。

　　エ　文章の構成や展開、表現の仕方を踏まえ、解釈の多様性について考察すること。

　　オ　作品に表れているものの見方、感じ方、考え方を捉えるとともに、作品が成立した背景や他の作品などとの関係を踏まえ、作品の解釈を深めること。

　　カ　作品の内容や解釈を踏まえ、人間、社会、自然などに対するものの見方、感じ方、考え方を深めること。

　　キ　設定した題材に関連する複数の作品などを基に、自分のものの見方、感じ方、考え方を深めること。

　(2)　(1)に示す事項については、例えば、次のような言語活動を通して指導するものとする。

　　ア　作品の内容や形式について、書評を書いたり、自分の解釈や見解を基に議論したりする活動。

　　イ　作品の内容や形式に対する評価について、評論や解説を参考にしながら、論述したり討論したりする活動。

　　ウ　小説を、脚本や絵本などの他の形式の作品に書き換える活動。

　　エ　演劇や映画の作品と基になった作品とを比較して、批評文や紹介文などをまとめる活動。

　　オ　テーマを立てて詩文を集め、アンソロジーを作成して発表し合い、互いに批評する活動。

　　カ　作品に関連のある事柄について様々な資料を調べ、その成果を発表したり短い論文などにまとめたりする活動。

3　内容の取扱い

　(1)　内容の〔思考力、判断力、表現力等〕における授業時数については、次の事項に配慮するものとする。

　　ア　「A書くこと」に関する指導については、30～40単位時間程度を配当するものとし、計画的に指導すること。

　　イ　「B読むこと」に関する指導については、100～110単位時間程度を配当するものとし、計画的に指導すること。

　(2)　内容の〔思考力、判断力、表現力等〕に関する指導については、次の事項に配慮するものとする。

　　ア　「B読むこと」に関する指導については、必要に応じて、文学の変遷を扱うこと。

　(3)　教材については、次の事項に留意するものとする。

　　ア　内容の〔思考力、判断力、表現力等〕の「B読むこと」の教材は、近代以降の文学的な文章とすること。また、必要に応じて、翻訳の文章、古典における文学的な文章、近代以降の文語文、演劇や映画の作品及び文学などについての評論文などを用いることができること。

　　イ　内容の〔思考力、判断力、表現力等〕の「A書くこと」及び「B読むこと」のそれぞれの(2)に掲げる言語活動が十分行われるよう教材を選定すること。

## 第5　国語表現

### 1　目　標

言葉による見方・考え方を働かせ、言語活動を通して、国語で的確に理解し効果的に表現する資質・能力を次のとおり育成することを目指す。

(1)　実社会に必要な国語の知識や技能を身に付けるようにする。

(2)　論理的に考える力や深く共感したり豊かに想像したりする力を伸ばし、実社会における他者との多様な関わりの中で伝え合う力を高め、自分の思いや考えを広げたり深めたりすることができるようにする。

(3)　言葉がもつ価値への認識を深めるとともに、生涯にわたって読書に親しみ自己を向上させ、我が国の言語文化の担い手としての自覚を深め、言葉を通して他者や社会に関わろうとする態度を養う。

### 2　内　容

〔知識及び技能〕

(1)　言葉の特徴や使い方に関する次の事項を身に付けることができるよう指導する。

ア　言葉には、自己と他者の相互理解を深める働きがあることを理解すること。

イ　話し言葉と書き言葉の特徴や役割、表現の特色について理解を深め、伝え合う目的や場面、相手、手段に応じた適切な表現や言葉遣いを理解し、使い分けること。

ウ　自分の思いや考えを多彩に表現するために必要な語句の量を増し、話や文章の中で使うことを通して、語感を磨き語彙を豊かにすること。

エ　実用的な文章などの種類や特徴、構成や展開の仕方などについて理解を深めること。

オ　省略や反復などの表現の技法について理解を深め使うこと。

(2)　我が国の言語文化に関する次の事項を身に付けることができるよう指導する。

ア　自分の思いや考えを伝える際の言語表現を豊かにする読書の意義と効用について理解を深めること。

〔思考力、判断力、表現力等〕

A　話すこと・聞くこと

(1)　話すこと・聞くことに関する次の事項を身に付けることができるよう指導する。

ア　目的や場に応じて、実社会の問題や自分に関わる事柄の中から話題を決め、他者との多様な交流を想定しながら情報を収集、整理して、伝え合う内容を検討すること。

イ　自分の主張の合理性が伝わるよう、適切な根拠を効果的に用いるとともに、相手の反論を想定して論理の展開を考えるなど、話の構成や展開を工夫すること。

ウ　自分の思いや考えが伝わるよう、具体例を効果的に配置するなど、話の構成や展開を工夫すること。

エ　相手の反応に応じて言葉を選んだり、場の状況に応じて資料や機器を効果的に用いたりするなど、相手の同意や共感が得られるように表現を工夫すること。

オ　論点を明確にして自分の考えと比較しながら聞き、話の内容や構成、論理の展開、表現の仕方を評価するとともに、聞き取った情報を吟味して自分の考えを広げたり深めたりすること。

カ　視点を明確にして聞きながら、話の内容に対する共感を伝えたり、相手の

思いや考えを引き出したりする工夫をして、自分の思いや考えを広げたり深めたりすること。

　　キ　互いの主張や論拠を吟味したり、話合いの進行や展開を助けたりするために発言を工夫するなど、考えを広げたり深めたりしながら、話合いの仕方や結論の出し方を工夫すること。

　(2)　(1)に示す事項については、例えば、次のような言語活動を通して指導するものとする。

　　ア　聴衆に対してスピーチをしたり、面接の場で自分のことを伝えたり、それらを聞いて批評したりする活動。

　　イ　他者に連絡したり、紹介や依頼などをするために話をしたり、それらを聞いて批評したりする活動。

　　ウ　異なる世代の人や初対面の人にインタビューをしたり、報道や記録の映像などを見たり聞いたりしたことをまとめて、発表する活動。

　　エ　話合いの目的に応じて結論を得たり、多様な考えを引き出したりするための議論や討論を行い、その記録を基に話合いの仕方や結論の出し方について批評する活動。

　　オ　設定した題材について調べたことを、図表や画像なども用いながら発表資料にまとめ、聴衆に対して説明する活動。

Ｂ　書くこと

　(1)　書くことに関する次の事項を身に付けることができるよう指導する。

　　ア　目的や意図に応じて、実社会の問題や自分に関わる事柄の中から適切な題材を決め、情報の組合せなどを工夫して、伝えたいことを明確にすること。

　　イ　読み手の同意が得られるよう、適切な根拠を効果的に用いるとともに、反論などを想定して論理の展開を考えるなど、文章の構成や展開を工夫すること。

　　ウ　読み手の共感が得られるよう、適切な具体例を効果的に配置するなど、文章の構成や展開を工夫すること。

　　エ　自分の考えを明確にし、根拠となる情報を基に的確に説明するなど、表現の仕方を工夫すること。

　　オ　自分の思いや考えを明確にし、事象を的確に描写したり説明したりするなど、表現の仕方を工夫すること。

　　カ　読み手に対して自分の思いや考えが効果的に伝わるように書かれているかなどを吟味して、文章全体を整えたり、読み手からの助言などを踏まえて、自分の文章の特長や課題を捉え直したりすること。

　(2)　(1)に示す事項については、例えば、次のような言語活動を通して指導するものとする。

　　ア　社会的な話題や自己の将来などを題材に、自分の思いや考えについて、文章の種類を選んで書く活動。

　　イ　文章と図表や画像などを関係付けながら、企画書や報告書などを作成する活動。

　　ウ　説明書や報告書の内容を、目的や読み手に応じて再構成し、広報資料などの別の形式に書き換える活動。

　　エ　紹介、連絡、依頼などの実務的な手紙や電子メールを書く活動。

　　オ　設定した題材について多様な資料を集め、調べたことを整理したり話し合ったりして、自分や集団の意見を提案書などにまとめる活動。

カ　異なる世代の人や初対面の人にインタビューをするなどして聞いたことを、報告書などにまとめる活動。
3　内容の取扱い
(1)　内容の〔思考力、判断力、表現力等〕における授業時数については、次の事項に配慮するものとする。
　　ア　「A話すこと・聞くこと」に関する指導については、40〜50単位時間程度を配当するものとし、計画的に指導すること。
　　イ　「B書くこと」に関する指導については、90〜100単位時間程度を配当するものとし、計画的に指導すること。
(2)　内容の〔思考力、判断力、表現力等〕に関する指導については、次の事項に配慮するものとする。
　　ア　「A話すこと・聞くこと」に関する指導については、必要に応じて、発声や発音の仕方、話す速度などを扱うこと。
　　イ　「B書くこと」に関する指導については、必要に応じて、文章の形式などを扱うこと。
(3)　教材については、次の事項に留意するものとする。
　　ア　内容の〔思考力、判断力、表現力等〕の「A話すこと・聞くこと」の教材は、必要に応じて、音声や画像の資料などを用いることができること。
　　イ　内容の〔思考力、判断力、表現力等〕の「A話すこと・聞くこと」及び「B書くこと」のそれぞれの(2)に掲げる言語活動が十分行われるよう教材を選定すること。

## 第6　古典探究

1　目　標
　　言葉による見方・考え方を働かせ、言語活動を通して、国語で的確に理解し効果的に表現する資質・能力を次のとおり育成することを目指す。
(1)　生涯にわたる社会生活に必要な国語の知識や技能を身に付けるとともに、我が国の伝統的な言語文化に対する理解を深めることができるようにする。
(2)　論理的に考える力や深く共感したり豊かに想像したりする力を伸ばし、古典などを通した先人のものの見方、感じ方、考え方との関わりの中で伝え合う力を高め、自分の思いや考えを広げたり深めたりすることができるようにする。
(3)　言葉がもつ価値への認識を深めるとともに、生涯にわたって古典に親しみ自己を向上させ、我が国の言語文化の担い手としての自覚を深め、言葉を通して他者や社会に関わろうとする態度を養う。
2　内　容
〔知識及び技能〕
(1)　言葉の特徴や使い方に関する次の事項を身に付けることができるよう指導する。
　　ア　古典に用いられている語句の意味や用法を理解し、古典を読むために必要な語句の量を増すことを通して、語感を磨き語彙を豊かにすること。
　　イ　古典の作品や文章の種類とその特徴について理解を深めること。
　　ウ　古典の文の成分の順序や照応、文章の構成や展開の仕方について理解を深めること。
　　エ　古典の作品や文章に表れている、言葉の響きやリズム、修辞などの表現の特色について理解を深めること。

(2) 我が国の言語文化に関する次の事項を身に付けることができるよう指導する。
　　ア　古典などを読むことを通して、我が国の文化の特質や、我が国の文化と中国など外国の文化との関係について理解を深めること。
　　イ　古典を読むために必要な文語のきまりや訓読のきまりについて理解を深めること。
　　ウ　時間の経過による言葉の変化や、古典が現代の言葉の成り立ちにもたらした影響について理解を深めること。
　　エ　先人のものの見方、感じ方、考え方に親しみ、自分のものの見方、感じ方、考え方を豊かにする読書の意義と効用について理解を深めること。
〔思考力、判断力、表現力等〕
A　読むこと
(1) 読むことに関する次の事項を身に付けることができるよう指導する。
　　ア　文章の種類を踏まえて、構成や展開などを的確に捉えること。
　　イ　文章の種類を踏まえて、古典特有の表現に注意して内容を的確に捉えること。
　　ウ　必要に応じて書き手の考えや目的、意図を捉えて内容を解釈するとともに、文章の構成や展開、表現の特色について評価すること。
　　エ　作品の成立した背景や他の作品などとの関係を踏まえながら古典などを読み、その内容の解釈を深め、作品の価値について考察すること。
　　オ　古典の作品や文章について、内容や解釈を自分の知見と結び付け、考えを広げたり深めたりすること。
　　カ　古典の作品や文章などに表れているものの見方、感じ方、考え方を踏まえ、人間、社会、自然などに対する自分の考えを広げたり深めたりすること。
　　キ　関心をもった事柄に関連する様々な古典の作品や文章などを基に、自分のものの見方、感じ方、考え方を深めること。
　　ク　古典の作品や文章を多面的・多角的な視点から評価することを通して、我が国の言語文化について自分の考えを広げたり深めたりすること。
(2) (1)に示す事項については、例えば、次のような言語活動を通して指導するものとする。
　　ア　古典の作品や文章を読み、その内容や形式などに関して興味をもったことや疑問に感じたことについて、調べて発表したり議論したりする活動。
　　イ　同じ題材を取り上げた複数の古典の作品や文章を読み比べ、思想や感情などの共通点や相違点について論述したり発表したりする活動。
　　ウ　古典を読み、その語彙や表現の技法などを参考にして、和歌や俳諧、漢詩を創作したり、体験したことや感じたことを文語で書いたりする活動。
　　エ　古典の作品について、その内容の解釈を踏まえて朗読する活動。
　　オ　古典の作品に関連のある事柄について様々な資料を調べ、その成果を発表したり報告書などにまとめたりする活動。
　　カ　古典の言葉を現代の言葉と比較し、その変遷について社会的背景と関連付けながら古典などを読み、分かったことや考えたことを短い論文などにまとめる活動。
　　キ　往来物や漢文の名句・名言などを読み、社会生活に役立つ知識の文例を集め、それらの現代における意義や価値などについて随筆などにまとめる活動。
3　内容の取扱い
(1) 内容の〔知識及び技能〕に関する指導については、次の事項に配慮するもの

とする。

ア　(2)のイの指導については、〔思考力、判断力、表現力等〕の「Ａ読むこと」の指導に即して行い、必要に応じてある程度まとまった学習もできるようにすること。

(2)　内容の〔思考力、判断力、表現力等〕の「Ａ読むこと」に関する指導については、次の事項に配慮するものとする。

ア　古文及び漢文の両方を取り上げるものとし、一方に偏らないようにすること。

イ　古典を読み深めるため、音読、朗読、暗唱などを取り入れること。

ウ　必要に応じて、古典の変遷を扱うこと。

(3)　教材については、次の事項に留意するものとする。

ア　内容の〔思考力、判断力、表現力等〕の「Ａ読むこと」の教材は、古典としての古文及び漢文とし、日本漢文を含めるとともに、論理的に考える力を伸ばすよう、古典における論理的な文章を取り上げること。また、必要に応じて、近代以降の文語文や漢詩文、古典についての評論文などを用いることができること。

イ　内容の〔思考力、判断力、表現力等〕の「Ａ読むこと」の(2)に掲げる言語活動が十分行われるよう教材を選定すること。

ウ　教材は、言語文化の変遷について理解を深める学習に資するよう、文章の種類、長短や難易などに配慮して適当な部分を取り上げること。

## 第3款　各科目にわたる指導計画の作成と内容の取扱い

1　指導計画の作成に当たっては、次の事項に配慮するものとする。

(1)　単元など内容や時間のまとまりを見通して、その中で育む資質・能力の育成に向けて、生徒の主体的・対話的で深い学びの実現を図るようにすること。その際、言葉による見方・考え方を働かせ、国語科の学習の充実を図ること。

(2)　「論理国語」、「文学国語」、「国語表現」及び「古典探究」の各科目については、原則として、「現代の国語」及び「言語文化」を履修した後に履修させること。

(3)　各科目の内容の〔知識及び技能〕に示す事項については、〔思考力、判断力、表現力等〕に示す事項の指導を通して指導することを基本とすること。

(4)　「現代の国語」及び「言語文化」の指導については、中学校国語科との関連を十分に考慮すること。

(5)　言語能力の向上を図る観点から、外国語科など他教科等との関連を積極的に図り、指導の効果を高めるようにすること。

(6)　障害のある生徒などについては、学習活動を行う場合に生じる困難さに応じた指導内容や指導方法の工夫を計画的、組織的に行うこと。

2　内容の取扱いに当たっては、次の事項に配慮するものとする。

(1)　各科目の内容の〔知識及び技能〕に示す事項については、日常の言語活動を振り返ることなどを通して、生徒が、実際に話したり聞いたり書いたり読んだりする場面を意識できるよう指導を工夫すること。

(2)　生徒の読書意欲を喚起し、読書の幅を一層広げ、読書の習慣を養うとともに、文字・活字文化に対する理解が深まるようにすること。

(3)　生徒がコンピュータや情報通信ネットワークを積極的に活用する機会を設けるなどして、指導の効果を高めるよう工夫すること。

(4) 学校図書館などを目的をもって計画的に利用しその機能の活用を図るようにすること。

3 教材については、各科目の3に示す事項のほか、次の事項に留意するものとする。

(1) 教材は、各科目の内容の〔知識及び技能〕及び〔思考力、判断力、表現力等〕に示す資質・能力を偏りなく養うことや読書に親しむ態度を育成することをねらいとし、生徒の発達の段階に即して適切な話題や題材を精選して調和的に取り上げること。また、必要に応じて音声言語や画像による教材を用い、学習の効果を高めるようにすること。

(2) 「論理国語」及び「国語表現」は、「現代の国語」の3の(4)のウに示す事項について、「文学国語」は「言語文化」の3の(4)のエに示す事項について、「古典探究」は「言語文化」の3の(4)のイ及びオに示す事項について留意すること。

〔**編著者一覧**〕 ※執筆順所属は執筆時

**町田守弘** （早稲田大学教授）
…はじめに、第2章（国語表現）、第4章

**幸田国広** （早稲田大学教授）
…第2章（現代の国語）、第4章

**山下　直** （文教大学教授）
…第2章（言語文化）、第4章

**高山実佐** （國學院大學准教授）
…第2章（文学国語）、第4章

**浅田孝紀** （東京学芸大学附属高等学校教諭）
…第2章（古典探究）、第4章

---

〔**共著者一覧**〕 ※所属は執筆時

**大滝一登** （文部科学省初等中等教育局視学官）
…第1章

**島田康行** （筑波大学教授）
…第2章（論理国語）

**渡邉本樹** （福井県教育庁教育政策課主任・指導主事）
…第3章

シリーズ国語授業づくり―高等学校国語科―
# 新科目編成とこれからの授業づくり

2018（平成 30）年 8 月 15 日　初版第 1 刷発行

監　　　修：日本国語教育学会
編　　　著：町田守弘・幸田国広・山下　直・
　　　　　　高山実佐・浅田孝紀
発　行　者：錦織　圭之介
発　行　所：株式会社　東洋館出版社
　　　　　　〒 113-0021　東京都文京区本駒込 5 丁目 16 番 7 号
　　　　　　営業部　電話 03-3823-9206　FAX03-3823-9208
　　　　　　編集部　電話 03-3823-9207　FAX03-3823-9209
　　　　　　振替　　00180-7-96823
　　　　　　URL　　http://www.toyokan.co.jp
デ ザ イ ン：株式会社明昌堂
印刷・製本：藤原印刷株式会社

ISBN978-4-491-03560-4　　　　　　　　　　Printed in Japan

JCOPY ＜(社)出版者著作権管理機構 委託出版物＞
本書の無断複写は著作権法上での例外を除き禁じられています。複写される場合は、
そのつど事前に、㈳出版者著作権管理機構（電話 03-3513-6969,
FAX 03-3513-6979，e-mail：info@jcopy.or.jp）の許諾を得てください。